BAJO
EL MISMO
TECHO

◆

Los miembros agnósticos y ateos de AA
comparten su experiencia, fortaleza y esperanza

AAGRAPEVINE,Inc.
New York, New York
WWW. AAGRAPEVINE.ORG

PREÁMBULO DE AA

Alcohólicos Anónimos es una comunidad de personas
que comparten su mutua experiencia, fortaleza y esperanza para
resolver su problema común y ayudar a otros a recuperarse
del alcoholismo.

El único requisito para ser miembro de AA
es el deseo de dejar la bebida.
Para ser miembro de AA no se pagan honorarios ni cuotas;
nos mantenemos con nuestras propias contribuciones.
AA no está afiliada a ninguna secta, religión, partido político,
organización o institución alguna; no desea intervenir en
controversias, no respalda ni se opone a ninguna causa.

Nuestro objetivo primordial es mantenernos sobrios y ayudar
a otros alcohólicos a alcanzar el estado de sobriedad.

© *AA Grapevine, Inc.*

ÍNDICE

Preámbulo de AA... IV

Bienvenida..VIII

CAPÍTULO UNO

Mantenerse sobrio,
pase lo que pase

Los ateos nos cuentan cómo trabajan el programa, un día a la vez

La transformación *Octubre de 2004* 2

Sobrio durante treinta años *Mayo de 1968* 4

Una noche oscura *Febrero de 2013*.................................. 6

Alquimia misteriosa *Diciembre de 1990*............................ 8

Lo que nunca pudimos lograr *Febrero de 2001*......................*11*

Sobrio sin ningún Dios *Octubre de 2016* 13

Listo para huir *Marzo de 2015*...................................... *16*

Cómo aplica los Pasos una atea *Marzo de 2003*.................... 18

Dejé de pelear *Octubre de 2016*.....................................*22*

CAPÍTULO DOS

Apoyándonos unos a otros

Los agnósticos reclaman su lugar en AA

Sigo siendo agnóstica *Abril de 2009*...............................*26*

La única fe necesaria *Febrero de 2004* *27*

Cualquier Dios *Marzo de 2015* *32*

Núcleo de amor *Octubre de 2007*..................................*33*

Honestidad espiritual *Abril de 1985*...............................*35*

Ateo y homosexual *Marzo de 2014* *38*

Yo, agnóstico *Abril de 2011* *39*

El principio de la incertidumbre *Septiembre de 1995*...............*42*

Viviendo en el misterio *Abril de 2010* *44*

CAPÍTULO TRES

Uno entre muchos

AA es un programa colectivo

Hay un lugar para nosotros *Marzo de 2015* 48

Basta del asunto de Dios *Enero de 1970* 51

Guardamos silencio *Octubre de 1987* 55

Un ateo se pregunta *Agosto de 2011* 59

Sin un Poder Superior *Enero de 2010*............................ 62

¿Es desagradable el término "agnóstico"? *Septiembre de 1969*...... 65

¿Cuáles son los requisitos? *Octubre de 2013* 68

Un ateo en el armario *Abril de 1978* 70

CAPÍTULO CUATRO

Vida grupal

La participación en el servicio es, para muchos miembros, un componente fundamental para mantenerse sobrio

Sobrio por coincidencia *Octubre de 2016* 74

Mente abierta *Octubre de 2016* 75

Un ateo deja de aferrarse *Junio de 1998* 79

Las puertas abiertas *Noviembre de 1996* 83

Palabras de un ateo *Abril de 1985* 84

Mi búsqueda *Octubre de 2016* 85

En búsqueda de nuestro camino *Octubre de 2012*................. 87

CAPÍTULO CINCO

Bajo el mismo techo

En AA, somos uno

¿Hay espacio para un ateo en AA? *Junio de 1964* 95

Practica, pero no sermonees *Abril de 1994* 97

Compartimos los mismos intereses *Octubre de 2016*.............. 99

Una fe común *Septiembre de 1976* 103

Mente abierta *Diciembre de 2013*................................ 104

Un insospechado recurso interior *Febrero de 2016*................ 105

Bajo el mismo techo *Enero de 2016*.............................. 107

Sin veneración *Octubre de 2016* 109

Honestidad espiritual *Diciembre de 2007*....................... 110

Dios en cada página *Octubre de 2016*............................ 111

Los Doce Pasos... 114

Las Doce Tradiciones... 115

La Viña y Grapevine.. 116

Acerca de AA... 117

BIENVENIDA

"Decenas de miles de recién llegados vienen cada año recurriendo a AA. Representan casi todas las creencias y actitudes que se pueda imaginar. Tenemos ateos y agnósticos. Tenemos gente de casi todas las razas, culturas y religiones. Se supone que en AA estamos vinculados por una afinidad derivada de nuestro sufrimiento común. Por lo tanto, debemos considerar de suma importancia la libertad incondicional de adherirse a cualquier creencia, teoría o terapia. Por consiguiente, nunca debemos intentar imponer a nadie nuestras opiniones personales o colectivas. Debemos tener, los unos a los otros, el respeto y el amor que cada ser humano merece a medida que se esfuerce por acercarse a la luz. Intentemos ser siempre inclusivos y no exclusivos; tengamos presente que todos nuestros compañeros alcohólicos son miembros de AA mientras así lo digan".

—Bill W., Grapevine, julio de 1965

Las historias de este libro, originalmente publicadas en el Grapevine, representan la experiencia compartida de los miembros de AA ateos, agnósticos, libres pensadores o no creyentes, que han luchado contra el alcoholismo y han encontrado una solución común en AA.

Llevados al borde de la desesperación por su incapacidad para dejar de beber, cada uno finalmente ha dado el paso hacia AA, a menudo como último recurso. La forma como llegaron al programa no siempre fue fácil, como lo demuestran varias historias de este libro. Sin embargo, al llegar, generalmente recibieron una cálida bienvenida, algo inesperado tras años de alcoholismo y desesperación.

A medida que cada uno conocía más acerca de AA y su programa espiritual de recuperación, surgieron profundas reservas y una sensación de que la comunidad podría no ser para ellos.

El capítulo uno explora algunas de estas reservas y el modo en que los miembros las enfrentaron para centrarse en la sobriedad, reconociendo que sin sobriedad todo se perdería. En la primera historia del libro, la autora de "La transformación" plantea una pregunta fundamental, a menudo considerada por muchos ateos y agnósticos de AA: "¿Era necesario el despertar espiritual para mantenerse sobrio de por vida? Si no tuviera uno, ¿volvería a beber?". La experiencia que se comparte en este capítulo deja de lado esa noción, ya que los no creyentes, con experiencias variadas, comparten cómo pueden aplicar el programa exitosamente, un día a la vez, según reflejan las palabras de Bill M. en "Sobrio sin ningún Dios": "Sé, por experiencia propia, que el programa de acción descrito en nuestro libro puede aplicarse de manera eficaz sin creer en ningún Dios".

Los miembros laicos de AA han participado en la comunidad desde sus inicios y han hecho aportes importantes para el desarrollo del programa de AA al abrir las puertas, cada vez más, para el flujo constante de recién llegados que acuden a AA en busca de ayuda. En el capítulo dos, Carmen C., al reconocer la increíble flexibilidad e inclusión del programa, nos cuenta que "Tanto religiosos como agnósticos aman Alcohólicos Anónimos. Eso prueba que el programa es espiritual, no religioso, y que no interfiere con las creencias religiosas ni agnósticas. Simplemente, nos permite recuperarnos del sufrimiento que nos provoca el alcoholismo y mantenernos bien".

Aun así, algunos ateos, agnósticos y no creyentes, pueden sentirse como extraños. "Ser ateo no está bien visto", afirma C.C. en la historia del capítulo tres, "Un ateo en el armario", "y no todo ateo lo confiesa abiertamente. Entonces, no echemos de vuelta al mundo del alcoholismo a los agnósticos ni a los racionalistas".

El trabajo conjunto dentro de un grupo de AA ofrece la solución para muchos alcohólicos, sean cuales fueran sus creencias, abriendo el camino hacia la recuperación. "He encontrado oposición a mis creencias", afirma Cara A., en la historia "Mi búsqueda", en el capítulo cuatro. "También he visto el gran agradecimiento que muestran las personas al saber que no están solas y que podemos mantenernos sobrias sin importar en lo que creemos o no creemos. He sido madrina de budistas, cristianos, agnósticos y de quienes están en el proceso del descubrimiento.... Para mí, la belleza de la sobriedad es que puedo aprender de todos y de cualquiera".

El capítulo cinco se centra en los numerosos elementos de AA que nos mantienen unidos. "A medida que puse en práctica los Pasos, llegué a creer en un propósito superior, no en un ser superior", escribe Alex M. en "Dios en cada página". "Mi propósito superior es vivir según los principios de los Pasos. El poder que me inspira es ese insospechado recurso interior que me hace estar dispuesto a luchar diariamente por la honestidad, la integridad, la compasión, la tolerancia, la humildad, el amor y el servicio". Estas son las características de la sobriedad, disponibles para cada uno de nosotros en AA cuando reconocemos nuestro sufrimiento común y buscamos, cada vez más plenamente, nuestra solución común.

CAPÍTULO UNO

Mantenerse sobrio, pase lo que pase

Los ateos nos cuentan cómo trabajan el programa, un día a la vez

---

P*ara quienes están dispuestos a recorrerlo, o lo suficientemente desesperados, el programa de Alcohólicos Anónimos ofrece un camino seguro hacia la recuperación. Sin embargo, no existe una manera universal de aplicar el programa. Tal como ilustran las historias de los miembros ateos en el siguiente capítulo, cada AA es libre de buscar su propia manera para mantenerse sobrio. En "Sobrio sin ningún Dios", Bill M. escribe sobre la esperanza que sintió en su primera reunión, esperanza que, sin embargo, se transformó en escepticismo cuando leyó "Poder Superior" y "Dios" en los Doce Pasos. "Claramente, esto era una religión disfrazada", afirma. "Aun así, algo poderoso estaba sucediéndome".*

Ese "algo poderoso" era la recuperación y puede lograrla cualquiera en AA, independientemente de sus creencias. "Como ateo, tenía mis reservas acerca de unirme a AA", afirma Tom F. en "Listo para huir". Sin embargo, provisto con el don de la desesperación tras varias recaídas, se dio cuenta de que sus compañeros alcohólicos tenían la respuesta al dilema de cómo mantenerse sobrio.

Preguntándose si un despertar espiritual era un prerrequisito para lograr y mantener su sobriedad, Judith N. escribe sobre su propio "despertar" en "La transformación": "Fue cuando llevé a la recién llegada a una reunión y cuando fui a la prisión el sábado por la mañana en vez de quedarme durmiendo. Tuve un despertar espiritual cuando me levanté de la mesa en medio de una tormenta para ir a una visita de Paso Doce, y también cuando dije: 'Sí, seré tu madrina y estudiaremos el libro juntas'".

En "Cómo aplica los Pasos una atea", June L. escribe: "A través de mis propias experiencias y la observación de los demás, he aprendido que no importa lo que creo, lo que cuenta es lo que hago".

La transformación

Octubre de 2004

Cuándo tuviste tu despertar espiritual?, me preguntó una mujer al final de una reunión, por la tarde, en otro pueblo. "Ya llevo ocho meses sobria y creo que nunca lo tendré".

Había participado en la comunidad durante cuatro años y no tenía una respuesta. Como atea declarada, murmuré algo gracioso como: "Deberás preguntarle a alguien mayor que yo". Eso pareció darle esperanzas, pero fui yo la desconcertada por mi respuesta evasiva.

¿Era necesario el despertar espiritual para mantenerse sobrio de por vida? Si no tuviera uno, ¿volvería a beber? Reflexioné sobre todas las actividades en las que participaba: ser madrina de una recién llegada, corregir un boletín informativo de AA, ir a la reunión de la cárcel todos los sábados y ser Representante de Servicios Generales (RSG) de mi grupo base. ¿Estaba dándome ánimos hasta que ocurriera lo inevitable? Si alguna manifestación de un Dios no me sucediera, ¿estaban en riesgo mi casita ordenada llena de adolescentes que recién comenzaban a confiar en su madre sobria? ¿Era esta empatía por otros borrachos, y la tolerancia hacia el mundo en general, parte del gran engaño de mi mente para dejarme caer en una falsa seguridad? Mientras nuestro grupo de AA se dirigía a casa esa noche, todos felices, haciendo ruido y amando la vida sin alcohol, yo me sentía inquieta.

Entre los libros que había en el carro, estaba As Bill Sees It (Como lo ve Bill). Lo revisé y encontré dieciséis referencias debajo del título "Despertar espiritual" y otras veintiuna debajo de "Vida espiritual". Tomé la decisión de leer todo si era necesario para poder encontrar la respuesta a mi pregunta.

La primera lectura era el relato de Bill sobre su experiencia con la luz blanca. Apreté los dientes y pasé rápidamente a la segunda. Parecía indicar que el despertar era un acto continuo. ¿Sería posible? En la siguiente leí que la persona que despierta espiritualmente había sido realmente transformada. Me entusiasmé porque, si una persona alcohólica fuera a transformarse y pasara a ser de las que arma las peleas en los bares, a madre en la Asociación de Padres y Maestros, de alguien que odia a la gente, a amante de los alcohólicos, esa era yo.

La cuarta sección quedó grabada para siempre en mi sobria memoria. Contaba la historia de un hombre que compartía la vida libremente con otras personas y, luego, manifestó que todavía no había captado el "aspecto espiritual". Decía que era evidente para todos los demás que él había "recibido un gran regalo, y que este regalo está fuera de toda proporción con todo lo que se puede esperar de la mera participación en AA" y que el resto del grupo podía verlo rebosante de espiritualidad, ¡aunque él parecía no saberlo aún!

No fue necesario seguir leyendo. En ese momento supe de mi propio despertar espiritual. Fue cuando llevé a la recién llegada a una reunión y cuando fui a la prisión el sábado por la mañana en vez de quedarme durmiendo. Tuve un despertar espiritual cuando me levanté de la mesa en medio de una tormenta para ir a una visita de Paso Doce, y también cuando dije: "Sí, seré tu madrina y estudiaremos el libro juntas". Comenzó cuando recibí una gracia inconmensurable y continuó a medida que me daba cuenta de que nunca podría devolver lo que la comunidad me había dado.

Estaba experimentando un despertar espiritual en ese preciso momento en que me encontraba en el carro, mientras que, sin sentir ningún tipo de vergüenza, me corrían por las mejillas lágrimas de alegría frente a mis compañeros de AA. Estaba segura de que habría despertares incalculables para mí mientras recorría el camino del destino feliz de AA. Han pasado treinta años desde entonces y, sí, tenía mucha razón.

Judith N.
Marysville, Washington

Sobrio durante treinta años
Mayo de 1968

Como mencioné en mi historia, "El círculo vicioso", publicada en el Libro Grande, llegué a la comunidad de Nueva York en enero de 1938.

En ese entonces, estaba dejando el Grupo Oxford. Había una reunión cerrada a la semana, que se llevaba a cabo en la casa de Bill, en Brooklyn. Asistían seis u ocho hombres, y sólo había tres miembros que se habían mantenido sobrios durante más de un año: Bill, Hank y Fritz. Contaré todo lo que se logró en cuatro años con el Grupo Oxford de Nueva York.

Durante esas primeras reuniones en casa de Bill, avanzaban a ciegas, sin ningún credo ni procedimiento como guía, aunque sí usaban algunos de los dichos de Oxford y sus absolutos. Dado que Bill y el Dr. Bob habían tenido experiencias religiosas casi inmediatas, se daba por hecho que todos los que los siguieran tendrían el mismo tipo de experiencia. Por esto, las primeras reuniones eran bastante religiosas, tanto en Nueva York como en Akron. Siempre había una biblia a mano, y el concepto de Dios era puramente bíblico.

Llegué a este entorno bastante pacífico como el primer ateo autoproclamado, completamente en contra de todas las religiones y convenciones. Yo era el capitán de mi propio barco. (El único problema era que mi barco estaba completamente limitado y sin rumbo). Así que, naturalmente, comencé a cuestionar casi todas las creencias de Bill y los demás, en especial la religión, la "parte sobre Dios". Sin embargo, sí quería permanecer sobrio y me encantaba el entendimiento que había en la comunidad. Entonces me convertí en un problema para ese nuevo grupo, con mi crítica constante frente a todos los aspectos espirituales.

De repente, el grupo comenzó a preocuparse. Me había mantenido sobrio durante cinco meses completos mientras luchaba contra todo lo que los demás creían. Ahora era el cuarto en "antigüedad". Un tiempo después me enteré que se reunían para orar sobre "qué hacer con Jim". El consenso parecía haber sido que esperaban que yo dejara la ciudad o me emborrachara.

Esa oración debió haber dado justo en el blanco, porque de repente me emborraché durante un viaje de ventas. Este episodio generó un impacto y el fondo que necesitaba. En ese momento, vendía brillo para carros a corredores de bolsa para una compañía patrocinada por Bill y Hank, y me iba bastante bien. Pero a pesar de esto, estaba agotado y totalmente aislado en Boston. Mis compañeros alcohólicos me presionaron mientras recuperaba la sobriedad tras cuatro días sin tregua y, por primera vez, admití que no podía mantenerme sobrio solo. Mi mente cerrada se abrió un poquito. Mis compañeros de Nueva York, los compañeros que creían, habían logrado mantenerse sobrios. Y yo no. Desde este episodio, creo que no he vuelto a discutir sobre las creencias de nadie más. ¿Quién soy yo para decir algo?

Finalmente, regresé arrastrado a Nueva York y me reincorporé rápidamente. En ese entonces, Bill y Hank recién comenzaban a escribir el Libro Grande de AA. Estoy seguro de que mi experiencia no fue en vano porque el término "Dios" se amplió para hacer referencia a todos los tipos y a todos los credos: "Dios como nosotros lo concebimos".

Siento que mi crecimiento espiritual durante los últimos treinta años ha sido muy gradual y firme. No tengo deseos de "graduarme" de AA. Intento mantener vivos mis recuerdos permaneciendo activo en AA a través de un par de reuniones semanales.

Para los agnósticos y ateos que acaban de llegar, intentaré describir brevemente mis logros en la recuperación:

1. El primer Poder Superior que encontré fue John Barleycorn.

2. La comunidad de AA se convirtió en mi Poder Superior durante los primeros dos años.

3. Gradualmente, llegué a creer que "Dios" y "bueno" eran sinónimos y que se encontraban en cada uno de nosotros.

4. Y me di cuenta de que al meditar e intentar conectarme con mi yo superior para recibir orientación y respuestas, empecé a sentirme más cómodo y más equilibrado.

J.B.
San Diego, California

Una noche oscura
Febrero de 2013

Soy ateo y hace veinticinco años que estoy sobrio. Tengo un Poder Superior. Lo que me falta es cómo definirlo. Encontré el programa de AA en el centro de tratamiento al que asistía. Mi problema con "Dios como nosotros lo concebimos" era que yo entendía que éste no existía. Sin embargo, tras dos semanas de tratamiento, tuve una experiencia espiritual atea.

La noche del diecinueve de junio de 1986, estaba sentado en mi habitación y, por la ventana que da al sur, miraba la luna llena al otro lado del lago. Me vi de rodillas y me di cuenta de que la luna podía ser un orificio blanco en una cortina negra o un objeto blanco en un cielo vacío, y realmente no importaba. Ser y no ser eran lo mismo.

En ese momento, me embargó una inmensa sensación de paz. Puedo volver a tenerla siempre que lo deseo, simplemente recordando esa experiencia. Dejé de luchar contra el asunto de Dios. Entregué mi vida al programa a pesar de que yo carecía de una filosofía sobre mi Poder Superior. El problema nunca fue la existencia de Dios; fue siempre mi propio ego.

Quizás estoy equivocado en cuanto a Dios. El caso es que no necesito tener razón. Si no existe Dios, el programa funciona de todos modos. Si existe, no debe tener prejuicios contra los ateos. No importa lo que yo crea; lo que cuenta es lo que hago.

No logré la sobriedad haciendo un inventario de AA; la logré haciendo el mío.

Tras un repentino cambio de actitud, comencé a acatar órdenes sin intentar encontrarles el sentido primero. Había entregado mi vida a algo, ignoraba a qué y, desde entonces, seguí las órdenes del centro de tratamiento. Cumplirlas implicaba hacer los primeros cinco Pasos y comprometerse a hacer los otros siete.

Cuando dejé el centro de tratamiento, me dijeron que fuera a AA. Como seguía acatando órdenes, así lo hice. Retomé mi trabajo cotidiano, enseñando Filosofía, aún sin saber cuál era mi Poder Superior ni por qué el programa funciona. He aprendido muchísimo sobre el programa durante los últimos veinticinco años, pero todavía no logro definir a mi Poder Superior. No es Dios, eso no es para mí, pero sea lo que sea, todavía funciona. He descubierto que quienes creen en Dios tienen la misma dificultad para entregarse a un Dios en el que creen, que yo sin creer en ninguno.

Sé lo que mi Poder Superior no es: no es un hombre en el cielo, un creador del universo ni el universo mismo. No es un juez ni un jurado; no puede comprarse con fe ni sobornarse con alabanzas; no causa daño a los demás y jamás castiga ni recompensa. Sin embargo, no sé lo que es. Ni siquiera sé qué pronombre usar. No es tú, yo, él, ella, eso, ni ellos. Aún no está definido.

Uno de estos días tal vez lo descubra. Soy un filósofo bastante bueno. Mientras tanto, agradezco la vida que tengo ahora. Se la debo a una mente abierta en un momento crucial de mi vida, a muchísima gente de AA y a un poder aún no definido que se manifestó una noche oscura en un centro de tratamiento de Minnesota.

Alan P.
St. Cloud, Minnesota

Alquimia misteriosa
Diciembre de 1990

Francamente, B., no comprendo el alcoholismo. Ve a AA.".
Esas fueron las palabras de mi exasperado psicotera-
peuta, quien hacía varios años que me atendía en un intento
inútil de dejar de beber. Me sentía tan abatido que era una lucha
llegar a su consultorio para mis visitas semanales. Lo único que
sabía yo sobre AA era que se hablaba muchísimo sobre Dios. Cualquiera haya sido el Dios en el que creí alguna vez, se había convertido
en una víctima de mi formación científica. Ya no creía en un Dios
personal. Sin embargo, ¿qué tenía que perder? Estaba desesperado.

Sin dejar nada al azar, mi terapeuta hizo gestiones para que un
miembro de AA me llevara a mi primera reunión. Al entrar en la
sala de reuniones, mi compañero me explicó que AA es un programa
espiritual, no religioso. Sin embargo, frente a mí, había un póster en
la pared donde se enumeraban los Doce Pasos, y noté que la mitad de
ellos contenía ciertas palabras inquietantes escritas en mayúsculas.
Cuando terminó la reunión con el padrenuestro, sin duda alguna un
ejercicio religioso para mí, mi ansiedad se convirtió en desesperación. Al sentir esto, mi compañero me dijo que yo podía usar al grupo
como mi Poder Superior. Estas palabras me dieron la esperanza de
que había una manera de salir de mi sufrimiento.

Así que iba a las reuniones, escuchaba a quienes hablaban y leía
toda la literatura. Sin embargo, descubrí en los "Doce Pasos y Doce
Tradiciones" la fuerte inferencia de que el grupo como Poder Superior es sólo un recurso temporal y que, con el tiempo, el recién llegado
debe adoptar algo más allá del grupo. Estaba convencido de que esto
cruzaba la línea hacia la religión.

Hoy en día, después de diez años en AA, aún tengo la misma opinión y sigo sin creer en un Dios personal. Cuando las reuniones fina-

lizan con el padrenuestro, yo guardo silencio. Me estremezco cuando escucho las palabras "...que probablemente ningún poder humano hubiera podido remediar nuestro alcoholismo...". Para mí, en este momento, es precisamente un poder humano lo que me mantiene sobrio. Ese poder viene, en parte, de todos los amigos maravillosos que tengo en AA, sin duda un Poder Superior a mí. A veces digo en las reuniones: "No bebo porque ustedes no quieren que lo haga".

¿Es el grupo mi único Poder Superior? No, hay más, porque he encontrado algo "por encima y más allá". Lejos de una esencia divina, ese "algo" vive en mi interior. Es un poder al cual puedo "entregarme". Hace que un no creyente como yo le encuentre un significado a la oración y a la meditación. Curiosamente, mucho antes de ir a AA supe que lo tenía en mí. Deriva de muchos años de ser un profesional de la matemática.

Cada vez que no puedo resolver un problema matemático, me he dado cuenta de que, si lo dejo a un lado hasta el día siguiente, a menudo encuentro la respuesta. Y, aparentemente, surge de la nada, incluso cuando no estoy pensando en el problema. Las ideas se manifiestan mientras estoy trotando, parado en la ducha o incluso soportando un monólogo interminable en alguna reunión de AA. Por supuesto, no es necesario ser científico para saber de qué estoy hablando. A todos nos suceden cosas inesperadas. Después de mi llegada a AA, descubrí que podía "entregar" cosas como el resentimiento, la autocompasión y las decisiones personales, a esta alquimia misteriosa. Ahora practico la meditación diaria, que representa un momento de tranquilidad cuando intento desconectarme de todas las conversaciones verbales. En esos momentos, a menudo aparecen las respuestas a mis problemas. ¿Será esto lo que mis amigos de AA llaman la "voluntad de Dios"? ¿O hay algo que no sé? He reflexionado muchísimo sobre estas preguntas.

En 1635, Sir Thomas Brown escribió lo siguiente: "Llevamos en nuestro interior las maravillas que buscamos afuera". Creo que en cada uno de nosotros existe un poder creativo, una fuerza del bien, una genialidad innata que es exclusiva de la especie humana.

Las personas como San Francisco, Mozart y Einstein, son ejemplos extremos de esa fuerza creativa. Como alcohólico activo, estaba demasiado inmerso en mi propio ego para ser consciente de tal poder. Ahora sé que está ahí si estoy dispuesto a escuchar. Este poder se encuentra en la profundidad de la mente humana, y mi creencia en él es un acto de fe, así como mis amigos de AA tienen una fe más convencional.

Hoy en día, la Química y la Biología investigan los fundamentos de la vida, y los físicos hablan de una inminente "teoría del todo". Estos avances en el conocimiento son algunas de las maravillas forjadas por la mente humana. Sin embargo, sigue siendo un misterio cómo funciona la mente. Como alcohólico en recuperación, lo prefiero así.

He descrito mi propia versión de la espiritualidad. No discuto con quienes creen en Dios; tampoco hago proselitismo. Algunos pueden pensar que mis ideas están incompletas, que representan sólo la mitad de la ecuación. Tal vez otros digan que lo que he descubierto no difiere de una creencia en Dios, que sólo mi manera de expresarlo es distinta. Realmente no me interesa. Estoy cómodo así, funciona para mí y me ha dado una paz interior que nunca había creído posible. Agradezco que AA me haya obligado a encontrar el significado espiritual de los Pasos. El ingrediente esencial de mi maravilloso descubrimiento es la calma, un silencio sin palabras. Puede ser que sólo haya redescubierto lo que el salmista ya sabía cuando escribió: "Estad quietos y conoced que yo soy Dios".

Bill M.
Creston, California

Lo que nunca pudimos lograr
Febrero de 2001

El hecho central en nuestras vidas es actualmente la certeza de que nuestro Creador ha entrado en nuestros corazones y en nuestras vidas en una forma ciertamente milagrosa. Ha empezado a realizar por nosotros cosas que nosotros no podríamos hacer solos.

—Alcohólicos Anónimos

Estas palabras, extraídas del Libro Grande, son tremendamente difíciles de digerir para un ateo. Ese "hecho central" sobre el Creador no es parte de mi vida. Y, de todos modos, incluso si hubiera un Creador, ¿qué podría hacer por mí que yo no puedo hacer por mí misma? Soy yo quien tiene que poner en práctica los Pasos y hacer reparaciones. Soy yo quien debe asistir a las reuniones y prestar servicio. ¿Qué es lo que yo no puedo hacer que necesito un Creador que lo haga por mí?

Tras unos meses en AA, me sentía frustrada cuando en las reuniones escuchaba hablar a las personas sobre lo que Dios hacía por ellas y que ellas no podían hacer por sí solas. Una mujer dijo que, en ese momento de su vida, era una madre buena y amorosa con sus hijos. Agregó que no había ninguna manera de que pudiera haber logrado eso sola. Lo sabía porque lo había intentado sin éxito durante años, y llegó a la conclusión de que, claramente, Dios estaba haciendo por ella lo que ella no podía hacer sola.

Al principio, esto me enfureció. Ella estaba ignorando algo importante. En algún momento anterior, no había podido cuidar bien a sus hijos. Ahora sí. Por eso, llegó a la conclusión de que había ocurrido un milagro. Pero, de hecho, ella había aprendido a cuidar a sus hijos durante ese tiempo. Se engañaba a sí misma con falsa modestia y le atribuía a Dios lo que ella misma hacía o, por el contrario, reconocía su propio mérito diciendo que lo que estaba haciendo no podía ser hecho por nadie, excepto Dios.

Pero me hizo pensar. Cuando pensé en mí, comencé a ver que tal vez algo habría de cierto en todo esto. Y por fin tuve un pensamiento novedoso. Para mí, AA había sido como mi clase de mecanografía en la escuela secundaria. Antes de asistir a la clase, yo no podía tipear de ningún modo. Podía hacerlo con uno o dos dedos, pero no tenía idea de la verdadera técnica mecanográfica. Teóricamente, quizás podría haber aprendido sola a tipear si leía libros o miraba videos. Pero, de hecho, sé, sin duda alguna, que nunca podría haber reunido la motivación suficiente para aprender a escribir por mi cuenta.

No obstante, en la clase de mecanografía, había una maestra a la que le importaba lo que yo hacía. Supervisaba mi progreso todos los días. Y, como había otros estudiantes en la clase, competíamos para ver quién era el mejor mecanógrafo. Nos evaluaban y calificaban según el trabajo que hacíamos. Con toda esta motivación, aprendí con entusiasmo a tipear en el transcurso del año. Ahora, puedo tipear muchas páginas sin esfuerzo.

Si comparo el tiempo anterior a asistir a esa clase con el presente, quizás sentiría el deseo de llegar a la conclusión de que ocurrió un milagro. Como antes no podía hacerlo y ahora puedo, claramente no soy yo la que tipea. Es Dios quien lo hace en mi lugar, porque yo no puedo hacerlo sola.

Esta conclusión es claramente ridícula. Pero el ejemplo tiene algo de cierto. La clase de mecanografía no hizo el trabajo. No me movió los dedos en el teclado ni destinó las horas de práctica necesarias para aprender a tipear. Lo hice yo sola. Sin embargo, nunca podría haberlo logrado sola sin asistir a la clase de mecanografía. La maestra, los exámenes, los demás estudiantes y la libreta de calificaciones, tuvieron un papel en mi aprendizaje. La clase hizo por mí lo que yo no podía hacer sola: me motivó a esforzarme para aprender a tipear.

AA ha sido una experiencia similar para mí. He tenido que hacer todo el trabajo yo misma. He tenido que poner en práctica los Doce Pasos y asistir a las reuniones, preparar café y reuniones de secretaría, y servir como Representante de Servicios Generales (RSG) de mi grupo base; he tenido que llamar a mi madrina todos los días y leer la literatura de AA a diario. Nadie hizo todo eso por mí. Y, aun así, nunca podría haber hecho o nunca habría hecho este trabajo sin que AA me motivara. No hubo magia, hechos paranormales ni sobrenaturales sobre esta experiencia "milagrosa". Los otros miembros de AA, mi madrina y AA en su totalidad han hecho por mí lo que yo no podía hacer por mí misma: me han motivado y me han dado confianza para realizar el trabajo necesario para recuperarme del alcoholismo.

El hecho central en mi vida es actualmente la certeza de que AA ha entrado en mi corazón y en mi vida en una forma ciertamente excepcional. Ha empezado a realizar por mí cosas que yo nunca podría hacer sola. AA como un todo es mi Poder Superior.

Gabriela R.
Seattle, Washington

Sobrio sin ningún Dios
Octubre de 2016

Como miembro de AA no creyente, es decir, alguien que no tiene un Dios en su vida, agradezco haber logrado estar sobrio durante veintiséis años desde mi llegada a AA, a los cincuenta y tres años. En la primera reunión a la que asistí, tuve la esperanza de que podría mantenerme sobrio porque había personas inspiradoras, sanas y felices, que compartían historias sobre su alcoholismo y sobre cómo se habían recuperado. Sin embargo, esa esperanza se transformó en escepticismo cuando leí "Poder Superior" y "Dios" en los Doce Pasos, y luego, en una consternación absoluta cuando se rezó el padrenuestro al final de la reunión. Pensé que, claramente, esto era una religión disfrazada, una manera rígida de creer. Aun así, algo poderoso estaba sucediéndome, quizás la esperanza se me acercaba después de todo. Estaba decidido a lograr la sobriedad en AA sin ser falso conmigo mismo. Perseveré a pesar de las advertencias incluidas en nuestra literatura en cuanto a la necesidad de creer en un Dios y el menosprecio de mi falta de creencia en los Doce Pasos y Doce Tradiciones.

Al principio de mi sobriedad, leí "La opinión del médico" en el Libro Grande, además de descripciones modernas del alcoholismo, como enfermedad, en otros libros. Me proporcionaron explicaciones lógicas de lo que me ocurría y me ayudaron a aceptar mi alcoholismo. También leí mucho sobre tratamientos para esta enfermedad y me entusiasmé con la posibilidad de mantenerme sobrio en AA si "me comprometía con AA al mismo nivel que había bebido", porque bebía casi todo el día, todos los días.

Encontré los seis Pasos originales en algunos materiales de lectura y algunas cartas escritas por el cofundador de la comunidad, Bill W. No había un predominio de Dios en ellos y pude poner en práctica los Pasos. Me exigían que abandonara cualquier noción de control sobre el alcohol, que hiciera un inventario, que confesara mis faltas a otra persona, que reparara el daño causado a otros, que llevara el mensaje y que encontrara la voluntad para llevar a cabo estas acciones. Cada vez que leo el libro Alcohólicos Anónimos, sustituyo (mentalmente) Dios o Él por AA o por un sustantivo propio como "inteligencia creativa". Con estas sustituciones, lo escrito tiene sentido para mí. Se podría decir que mi Poder Superior es AA. Suelo decir que es el amor y la gracia que AA da al recién llegado.

Con el tiempo, hice los Doce Pasos sugeridos para poder enseñárselos a otras personas. En el Tercer Paso, que incluye una oración, analicé el significado de las palabras y me di cuenta de que podía pasar a los Pasos siguientes para lograr el propósito expresado en esa oración. Lo mismo ocurre con el Séptimo Paso. Puedo llevar a cabo las tres acciones mencionadas en el Undécimo Paso de nuestro libro sin tener que orar: Al comienzo de cada día, veo qué puedo hacer por los demás. Durante el día, hago una pausa cuando me siento confundido o nervioso, y vuelvo a iniciar la jornada si es necesario. Al final del día, repaso constructivamente mis acciones de ese día. Con los años, algunos de mis amigos de AA han llegado a describirme como un ateo del Libro Grande, y existen quienes me llaman "el ateo más espiritual, abierto y leído, que jamás hayan conocido". No discuto con nadie sobre lo que se cree y lo que no. Sé, por experiencia propia, que el programa de acción descrito en nuestro libro puede aplicarse de manera eficaz sin creer en un Dios. Eso digo cuando cuento mi historia: no tengo un Dios y no rezo. Digo que puedo estar de buen humor sin necesidad de beber.

Leo una amplia variedad de materiales espirituales, incluidos muchos de los libros que el Dr. Bob tenía en su biblioteca, a modo de inspiración para analizar mi vida, actuar moralmente y amar a los demás al servirles con paciencia, amabilidad, generosidad, humildad, cortesía, altruismo y tolerancia. Practico estos principios en AA al tener un padrino, al asistir a las reuniones casi todos los días y a la reunión del Libro Grande una vez a la semana, al poner en práctica los Pasos y al ser un miembro activo de un grupo base. Tomo muy en serio la advertencia obligatoria que Ebby le hizo a Bill, cofundador de la comunidad, la cual dice que podemos "perfeccionar y engrandecer" nuestra "vida espiritual a través del trabajo y del sacrificio por otros".

Mi participación incluye apadrinar hombres, visitar cárceles y prisiones para llevar reuniones de AA, asistir a centros de rehabilitaciones y desintoxicaciones como parte de trabajo de Paso Doce, figurar en la lista de servicio de respuestas local y como contacto para personas en rehabilitación que viven en mi área, establecer contacto por correspondencia con reclusos y apadrinarlos a través de la Correspondencia de Correccionales, y llevar el mensaje de AA cada vez que viajo por el mundo. He servido como Representante de Servicios Generales (RSG) de mi grupo base y Miembro del Comité de Distrito (MCD). Una vez fui el orador espiritual en la convención del área.

Hasta mi jubilación en 1998, seguí enseñando e hice un cambio de ciento ochenta grados en mi enfoque. En mis últimos años de alcoholismo, el salón de clase había sido un escenario donde yo mostraba mi conocimiento. Durante la sobriedad, mi enfoque cambió gradualmente y pasó de estar en lo que yo sabía a preocuparme por lo que los estudiantes no sabían. En algún momento pensé que la bebida era la fuente de la creatividad que yo demostraba en mi vida profesional. Para mi sorpresa y deleite, descubrí que, estando sobrio, desarrollaba una fuente de creatividad que era espontánea e intuitiva, en lugar de forzada.

Tengo la suerte de que mi familia siempre estuvo conmigo. Tengo nietos que nunca me han visto ebrio y que me conocen como un abuelo amoroso y amable. Tengo alumnos que agradecen lo que les enseño. Tengo una multitud de amigos en AA y en el trabajo de servicio comunitario. Creo que tengo todo esto como resultado de ser un miembro activo de AA. Mi vida en AA es testimonio de que es posible ser un miembro activo de AA que logró la sobriedad sin ningún Dios.

Bill M.
Ithaca, Nueva York

Listo para huir
Marzo de 2015

Cuando era niño, sentía curiosidad por la religión. Como mi padre era ateo, no quería que sus hijos asistiésemos a la iglesia. Si bien era inflexible en cuanto a sus sentimientos, no nos prohibía que fuéramos a los servicios. Sin embargo, él exigía el mismo tiempo cuando yo volvía a casa después del servicio dominical, me preguntaba sobre el sermón que había escuchado en la iglesia. Luego, me daba un sermón contra la religión que me interesaba. En esa etapa de mi vida, consideraba que los sermones de mi padre eran un montón de sandeces. Tiempo después, mientras asistía a clases de Teología en la universidad, descubrí que mi poco instruido padre sabía más de lo que yo pensaba. En cuanto a mí, mis estudios sobre religión habían terminado. Decidí que yo también era ateo. Como ateo, tenía mis reservas acerca de unirme a AA. Por los fragmentos de información que tenía, pensé que AA era un programa religioso. Si bien quería mantenerme sobrio, sentí que no podía sacrificar mis creencias por el bien de la sobriedad. Parecía un costo emocional excesivo, así que decidí que debía hacerlo solo.

Dado que, de algún modo, lograba dejar de beber, seguí esforzándome por mantenerme sobrio, una recaída tras otra. A veces, permanecía sobrio uno o dos años y, luego, tenía una recaída y bebía un tiempo, hasta que un incidente, mientras estaba ebrio, me convenció de que estaba fuera de control. Una vez más, arruiné todo hasta perder la cordura. Me justifiqué diciendo que mi conducta era demasiado estricta; tenía que relajarme. Planeaba beber como una persona normal. La idea funcionaba un tiempo; luego mi determinación se debilitaba y volvía a salir de juerga. Generalmente, un incidente me hacía volver a la realidad.

Una noche, mientras iba a casa manejando con un ojo cerrado, me preguntaba cuándo terminaría esta farsa. La luz roja de un coche de la policía respondió esa pregunta. Una vez más, tenía un incentivo para dejar de beber. Mientras detenía la camioneta al lado de la carretera, decidí que nunca más volvería a beber. Ignoraba cómo lograría el objetivo, pero sabía que haría todo lo que sea necesario para conseguirlo.

A la mañana siguiente, en lugar de intentar ocultar mi arresto, llamé por teléfono a mi ex esposa, a mis hijos y a mis hermanas. Como vivían en distintos lugares, era improbable que se hubieran enterado de mi arresto. Sentí que la humillación que implicaba decirles la verdad reforzaría mi compromiso de mantenerme sobrio. Y como me di cuenta de que estaría obligado a asistir a AA, pensé que debería comenzar a ir a las reuniones antes de que me lo ordenaran.

Cuando entré en la sala para mi primera reunión de AA, tenía miedo. Sabía que ésta era una encrucijada. Pensé que era casi seguro que esta decisión me cambiaría la vida para siempre. Poco sabía cuánto iba a cambiarla. Me senté en la silla más cercana a la puerta. Estaba listo para irme apenas mencionaran a Dios. No tardaron mucho en hacerlo. Mientras alguien leía el Preámbulo y las Tradiciones, se mencionaba a Dios una y otra vez. Estaba a punto de huir cuando vi la Tercera Tradición en la pared. Sin duda, tenía el deseo de dejar de beber; eso implicaba que tenía derecho a quedarme allí. Y así fue.

Al principio, estaba tan ocupado reaccionando a la palabra Dios que no escuché todas las otras palabras que decían. Al cabo de un rato, supe que, cuando algunos decían la palabra Dios, no hacían referencia a una entidad divina, sino a un "grupo de alcohólicos", a "la naturaleza" o al "don de la desesperación". Fue a partir de ese momento que empecé a escuchar y valorar los mensajes. Me di cuenta de que en este programa hay lugar para una persona con mis creencias. Sólo tenía que dejar de pelear y aceptar todo por su propio valor. Debía respetar las elecciones de los demás. Yo tenía la opción de tomar o dejar lo que quisiera como parte de mi programa. Como me identificaba con la mayoría de las historias sobre los días de alcoholismo de mis compañeros, no me resultó difícil escoger un grupo de alcohólicos como mi Poder Superior. A medida que comencé a comprender, me di cuenta de que mis compañeros tenían la respuesta al dilema de cómo mantenerse sobrio. Ellos fortalecieron mi compromiso y me sugirieron conductas alternativas. Al igual que mis antecesores exitosos, simplemente tenía que poner en práctica los Pasos, conseguir un padrino y prestar servicio.

Sí, no era siempre tan fácil, pero cada día aprendía más y progresaba. En ocasiones, tenía tropiezos, pero también parecían fortalecer mi programa. Unirme a AA no fue lo más fácil que he hecho, pero nunca antes me había sentido más cómodo estando sobrio. Gracias, AA.

Tom F.
Fort Bragg, California

Cómo aplica los Pasos una atea
Marzo de 2003

Mi vida era un desastre y yo estaba desesperada. Tras el tercer intento de suicidio, me amenazaron con internarme en un hospital psiquiátrico, o podía llamar a AA. Elegí AA. Sin embargo, no creía que esa fuera la respuesta porque pensaba que

lo mío era locura. Creía que consumir alcohol y drogas era la con-
secuencia de mis problemas, no la causa. También sabía que el programa de AA se basaba en un sistema de creencias que yo no tenía.
Le comenté mis inquietudes a la mujer que pasó a recogerme para ir
a mi primera reunión. Me aseguró que en AA habría un lugar para
una loca pagana como yo.

Motivada por la sensación de alivio y la disminución del temor
que sentí en esa primera reunión, decidí en ese instante no luchar
contra las cuestiones de Dios. Supuse que, si había un Dios, yo perdería la batalla; si no había ninguno, sería un esfuerzo desperdiciado
e inútil. Eso fue hace poco menos de treinta y dos años, y he estado
sobria y he sido miembro activa de AA desde entonces. Eso significa
que siempre he asistido a las reuniones (a las generales, no a las especiales para miembros ateos o agnósticos), que he contado con muchos amigos cercanos de la comunidad en quienes confío, que brindo
servicio de grupo y que intento llevar el mensaje a otros alcohólicos.

Pese a mi falta de comprensión de Dios, que aún tengo, la comunidad de AA ha sido una manera eficaz para que yo me mantuviera
sobria. Los miembros de AA que han logrado la sobriedad tienen la
experiencia de la recuperación y escuchan de manera crítica y empá-
tica para poder aconsejar y orientar. Su ejemplo me ayuda a aprender a vivir sin tener que beber jamás, si no lo deseo. A través de mis
propias experiencias y la observación de los demás, he aprendido que
no importa lo que creo, lo que cuenta es lo que hago. AA ofrece el
fundamento para aprender lo que se debe hacer.

En la primera reunión, me dijeron lo obvio: no beber es un requisito absoluto de la sobriedad. No bebí e hice todo lo necesario para
evitarlo. Para eso, tuve que ir a muchas reuniones y leer libros de
AA y otras guías de autoayuda. Significaba aceptar que la gente ha-
blaría sobre Dios, además de desprenderme de algunas asociaciones
desacertadas y armar un círculo de amigos a quienes pudiera llamar
cuando me sintiera inestable. Significaba participar como secretaria
u otro servidor del grupo, estar dispuesta a desvelarme, a temer, a
sentirme ansiosa o a estar sola a veces. La vida no era siempre fácil:

Durante un tiempo sufrí de depresión y tuve que concentrarme en "Un día a la vez". Sin embargo, perdí el deseo de beber y, de hecho, me sentía bien al no hacerlo. Después de dejar de consumir, pude comenzar a entender mi enfermedad y quise estar bien. Quería vivir como una persona mejor, en armonía con los demás y con mis circunstancias, liberarme del caos y el conflicto que siempre habían estado en mi vida de alcohólica. Me dijeron que, probablemente, necesitaba cambiar todos los aspectos de mi forma de actuar y reaccionar, y que los Pasos y el programa de AA podían ayudarme. ¿Pero qué ocurría con los Pasos relacionados con Dios?

Alguien dijo alguna vez que los Pasos podían considerarse una descripción de los cambios que se producen durante la recuperación o una guía para realizar esos cambios. Entonces, decidí no preocuparme sobre si estaba eligiendo el camino adecuado; en su lugar, me concentré en cambiar mi conducta. No intenté forzar mis creencias para que se adecuasen al Tercer Paso de alguien, ni concentrarme en hacer el Cuarto y el Quinto Paso del modo indicado en los "Doce Pasos y Doce Tradiciones". Simplemente, escuché lo que los demás decían sobre el manejo de los acontecimientos de la vida y probé aplicar lo que habían hecho en diversas situaciones. No he pensado en lo que hago como una "práctica de los Pasos", pero, aun así, veo que lo que intento hacer se aproxima a la dirección de la recuperación descrita en el quinto capítulo de Alcohólicos Anónimos.

Además de no beber, el hábito más importante que he intentado adoptar es no luchar contra las circunstancias, sino que intento aceptar la realidad en lugar de tratar de controlarla. Cuando hago ese ajuste, se termina la lucha y encuentro la libertad de saber que no hay nada más que pueda o deba hacer. Esa sensación de libertad me invadió primero cuando reconocí y acepté que era impotente ante el alcohol (Primer Paso). Está disponible en todas las aventuras de la vida, si me adapto al flujo de la vida (Tercer Paso).

Me recuerdo con regularidad que confío en el recurso interno de la persona sana interior y el recurso externo del grupo. Las historias de los demás, y mi propia historia, me muestran que puedo afrontar lo que venga si soy paciente y actúo con sentido todos los días. Esto cubre el propósito del Segundo Paso para mí y también me brinda los beneficios del Tercer Paso.

Asumo la responsabilidad por mis acciones y sentimientos. Pienso que de esto se tratan el Cuarto y el Décimo Paso: conocer y admitir mis faltas en todas mis interacciones, sin justificarme.

En la actualidad, es fundamental en mi vida consultar a otras personas antes de actuar en cuestiones importantes y analizar las acciones pasadas que me generan malestar. Carezco de la experiencia y de la objetividad suficientes para evaluar el pasado, el presente y el futuro, sin un grupo de consulta. Este hábito permite que mi vida funcione más fácilmente y está bastante cerca de lo que describe el Quinto Paso. He hecho un gran esfuerzo por dejar de hacer cosas que me hacen sentir culpable o que disminuyen mi opinión sobre mí misma. El peso de la culpa, o el temor de ser descubierta, podrían llevarme a buscar refugio en la bebida. Intento no hacer daño y dejo que los demás vivan su vida. Tengo suficiente de qué ocuparme sin empeorar las cosas o asumir los problemas o triunfos de los demás. Este es el modo en que el Sexto y el Séptimo Paso contribuyen a la recuperación.

En parte para aliviar la culpa que sentía por mis indiscreciones pasadas, y en parte porque es lo correcto, intento reparar los daños haciendo enmiendas, pidiendo disculpas o siendo mejor persona de lo que era cuando bebía. Algunas son viejas ofensas y otras no pueden solucionarse, pero hago lo mejor que puedo. Espero que esto sea lo que pidan de mí el Octavo, el Noveno y el Décimo Paso.

En general, me gusta hacer buenas obras, así que ayudo cuando puedo y a quien puedo. Esto mejora mis relaciones sociales, lo cual me hace sentir bien. Cuando aliento a otro alcohólico que quiere seguir el programa de AA, pero no tiene una idea clara del Poder Superior, estoy practicando el Paso Doce.

¿Qué falta? El Undécimo Paso. No tengo un contacto consciente con Dios: simplemente no está ahí, lo cual no me molesta. Trato de entrenar mi cerebro regularmente para que adopte una perspectiva más espiritual a través de una práctica que incluye contemplación, introspección y afirmación de la gratitud que surge al haber sido acogida por AA. Por esto, rara vez me perturba ese penetrante sentimiento de separación que solía tener; ha sido reemplazado por una sensación de vínculo entre todos nosotros.

Si bien no estaba en mis planes, y a pesar de que no lo pienso como "práctica de los Pasos", los Pasos ocurren en mi vida como parte de una recuperación guiada por AA. Ninguna de estas prácticas incluye a Dios ni la creencia en Dios, pero todas juntas, o cada una por separado, concuerdan con el propósito de los Pasos. El ateísmo y los principios de AA no son incompatibles, y si alguien te dice que hay que creer en Dios para mantenerse sobrio o para participar en AA, está muy equivocado. Siempre les digo a los no creyentes que me preguntan cómo pueden poner en práctica los Pasos, relacionados con Dios, que busquen el objetivo del Paso y hagan todo lo que puedan para cumplir su propósito. Y que no beban, no importa lo que pase. Nada mejora si uno bebe.

June L.
El Granada, California

Dejé de pelear
Octubre de 2016

El Segundo Paso fue fundamental en mi camino espiritual. He escuchado mucho al respecto recientemente y me complace saber que no soy tan única como pensaba. Soy atea y no estoy en vías de volverme creyente. El Libro Grande dice: "Dios lo es todo o de otra manera Él no es nada". Escogí la segunda opción y me puse a trabajar el programa.

Puse en práctica el Primer Paso antes de conseguir una madrina y volví a revisarlo cuando la conseguí. Su primera pregunta fue: "¿Cómo te sientes acerca del alcoholismo como una enfermedad?". Le respondí: "No podría ser nada más que una enfermedad". Proseguimos, leímos cada palabra del Libro Grande y hablamos sobre la recuperación y las acciones. Conversamos sobre el Segundo Paso y sobre AA. Ella estaba satisfecha de que hubiera encontrado un Poder Superior a mí usando el programa de Alcohólicos Anónimos.

Supe, casi de inmediato, que AA podría devolverme el sano juicio. ¡Vean todos los ejemplos! Es decir, no creía en ningún tipo de Dios y, sin embargo, todos ustedes estaban allí: más felices que cualquier grupo de personas que jamás haya conocido y, obviamente, ya no eran esclavos del alcohol. Deben tener la respuesta en alguna parte. Me dijeron que si quería lo que ustedes tenían, debía hacer lo que ustedes hicieron. Quizás el hecho de no tener un Poder Superior que interviniera me hizo escuchar más atentamente o me dio más voluntad para actuar.

En el tercer capítulo están las palabras que me liberaron de mi obsesión por la bebida: "Teníamos que admitir plenamente, en lo más profundo de nuestro ser, que éramos alcohólicos". Yo tenía una enfermedad y AA era una solución que ayudaba a una innumerable cantidad de alcohólicos a vivir una vida normal y saludable.

Las promesas del Noveno Paso se han hecho realidad para mí: Comencé a experimentar eso de "Vamos a conocer una libertad y una felicidad nuevas... Intuitivamente sabremos manejar situaciones que antes nos desconcertaban".

Comencé a creer que mi día más oscuro sería un beneficio para ayudar a que otra mujer hallara una forma de vivir a gusto en su propia piel sin consumir alcohol. Una vez, alguien hizo un comentario en línea sobre lo muy arrogante que era yo al pensar que estaba haciendo todo sola.

Dado que era bastante nueva, respondí de un modo que no repetiré aquí. Mi madrina se estremeció cuando le conté mi respuesta. Me dijo que debía dejar de pelearme con todo el mundo y con todo, tal como se dice en el Libro Grande. También me mostró que el libro dice: "El amor y la tolerancia para con otros son nuestro código". Sea un código secreto o un código redactado como ley, yo sabía que tenía que amar.

Mi madrina es un tesoro. Es maestra de arte, lo cual podría explicar su paciencia. Pero la verdad es que creo que ella nunca tuvo expectativas de que yo cambiaría mi forma de pensar. Cuando llegué al Quinto Paso, le pregunté: "¿Cómo debo admitir ante Dios?" Me dijo que ella se ocuparía de esa parte por mí. Una vez más, se trataba del programa.

Llegué aquí para lograr la sobriedad y obtuve mucho más de lo que esperaba, y lo hice sin tener que comprometer mi forma de pensar. Nuestros fundadores estaban verdaderamente inspirados.

Paige B.
Cedar Rapids, Iowa

CAPÍTULO DOS

Apoyándonos unos a otros

Los agnósticos reclaman su lugar en AA

Nuestra literatura indica que todas las personas son bienvenidas a AA. Tal como se expresa en los Doce Pasos, "Alcohólicos Anónimos no te exige que creas en nada". Paradójicamente, hay una tremenda cantidad de conversaciones sobre Dios.

En la primera historia de este capítulo, "Sigo siendo agnóstica", Ann M. comenta que, cuando cualquier persona hablaba en las reuniones sobre su relación con Dios, su "interruptor interno se apagaba inmediatamente".

"...No me sentí cómoda en AA durante mucho tiempo". Aun así, ella escribe: "Ahora, unos treinta y tres años después, sigo siendo agnóstica. Ir a las reuniones me ayuda a sentirme "incluida", al igual que el servicio. Por eso, tengo pensado seguir haciendo lo que funcione mejor para mí.

Más adelante en el capítulo, Jim D. escribe en "Cualquier Dios", sobre su primer padrino: "Me enseñó que no tenía que beber independientemente de las respuestas que tuviera la pregunta sobre la fe y el Poder Superior. Si la respuesta es sí, no, quizás o no sé, no tengo que beber".

Al describir su concepto de Poder Superior, Carmen C. escribe en "Núcleo de amor": "Ahora creo que todo ser vivo tiene un espíritu que quiere que éste se desarrolle y prospere... Pero si me piden que describa a Dios como yo lo concibo, mi respuesta sería que no creo en un "Señor" y que no sé, ni me preocupa, si hay vida después de la muerte".

Con la pregunta "¿Cómo pude mantenerme sobrio durante un año siendo agnóstico en AA?", el autor anónimo de "Yo, agnóstico" responde: "Me siento seguro en AA por la compasión y el cuidado que brinda. Escucho historias con las que puedo identificarme. Puedo servir a otros."

Sigo siendo agnóstica
Abril de 2009

Muchos años antes de lograr estar sobria en 1975, había decidido que: 1) no había ningún Dios y que, 2) incluso si lo hubiera, seguramente él no querría tener nada que ver conmigo. Así que me resultaron muy difíciles las reuniones cuando me decían constantemente que tenía que creer en Dios o volvería a beber. Cuando cualquiera hablaba sobre su relación con Dios, mi interruptor interno se apagaba inmediatamente. No podía creer que seres humanos sensatos y sanos pudiesen creer en esa tontería.

Soporté varios meses de desdicha absoluta y, cada noche, decía una oración en la que pedía no despertar al otro día y lloraba todas las mañanas por haber abierto los ojos (lo cual era una prueba más de que, en lo que a mí respecta, la oración no funcionaba).

No me sentí cómoda en AA durante mucho tiempo. Si llegaba a la reunión y había dos personas riéndose en la sala, sabía con certeza que se reían de mí. Los veteranos siempre me decían: "Derramé más alcohol de lo que tú has bebido, no eres una alcohólica verdadera". (Probablemente era cierto que ellos derramaron más de lo que yo bebí). Por alguna razón, siempre me pedían que leyera las Tradiciones en las reuniones, seguramente porque podía pronunciar las palabras "autonomía" y "anonimato" sin dificultad. Debo haberlas leído unas veinte veces antes de entender que la Tercera Tradición me decía que el único requisito para ser miembro es querer dejar de beber. Muy gradualmente, comencé a dejar de sentirme una extraña.

Aproximadamente después de un año de sobriedad, se acercaba mi primera Navidad en AA y yo estaba en una reunión. Después de lavar las tazas, los platos y los ceniceros, algunos nos reunimos alrededor del piano y comenzamos a cantar villancicos. Mientras cantábamos, me percaté de lo mucho que disfrutaba al cantar la canción con mis compañeros, a pesar de odiar el frío, la nieve y el hielo. Así que me di cuenta de que podía disfrutar rezando una oración con todos sin creer en ella. Aproximadamente a los dos años de estar sobria, mi marido me pidió el divorcio.

Me sentía devastada y, por pura desesperación, comencé a decir "hágase tu voluntad, no la mía", una y otra vez. Comencé a sentir un poco de alivio. Esta fue mi primera experiencia de que no era necesario que creyera para lograr resultados a través de la oración. Descubrí que existen pocos límites en lo que se puede lograr estando sobria.

Ahora, unos treinta y tres años después, sigo siendo agnóstica. Todavía no sé qué existe y qué no. Cuando el Tercer Paso dice: "Dios como nosotros lo concebimos", sé que, probablemente, nunca lo entenderé de verdad. Está bien. Para mí, la oración y la meditación me hacen sentir mucho mejor y me ayudan a llevar una vida más feliz, más sensata y más contenta. Poner en práctica los Pasos ha sido milagroso para mí. Ir a las reuniones me ayuda a sentirme "incluida", al igual que el servicio. Por eso, tengo pensado seguir haciendo lo que funcione mejor para mí.

Ann M.
Phoenix, Arizona

La única fe necesaria
Febrero de 2004

Si uno se considera ateo o agnóstico, lograr la sobriedad y mantenerla con la ayuda de Alcohólicos Anónimos puede parecer imposible debido a lo que llamo "la cuestión de Dios". Sin embargo, es imposible sólo si uno lo permite.

Se puede mantener la sobriedad independientemente de que se crea en un Poder Superior que uno es capaz de definir o no. Los miembros bien intencionados pueden intentar refutar esa afirmación, pero existe literatura aprobada por AA que respalda mi opinión, concretamente, en la página 26 de los Doce Pasos y Doce Tradiciones, donde dice "Primero, Alcohólicos Anónimos no te exige que creas en nada".

Hace menos de cinco años, estaba aferrado de la barandilla del descanso fuera de mi apartamento de un dormitorio, en el segundo piso. Miré hacia abajo y decidí que arrojarme podría no ser concluyente. Podría terminar gravemente discapacitado, pero aún necesitar ese trago y no ser capaz de conseguirlo. Quería dejar de beber, pero no podía, a pesar de que había asistido a las reuniones de AA diariamente durante dieciséis meses. Cuatro días sin beber fue lo máximo que pude conseguir por mi cuenta.

Mi carrera en los medios radiofónicos había terminado, mi matrimonio de treinta años agonizaba, y yo estaba extremadamente solo y quería morir. Bill, un vecino que llevaba seis años sobrio, salió de su apartamento, dijo que escuchó mis arcadas en el baño una vez más y me sugirió que fuera a desintoxicarme nuevamente. Asentí en un acuerdo inútil. Por supuesto, me detuve a comprar una pinta de vodka puro y tomé la mitad camino al centro de desintoxicación.

¿Pero qué hice con la "cuestión de Dios", ese gran muro de piedra que golpeaba repetidamente con mi cabeza? La dejé a un lado por un rato. Sólo un rato, me dije a mí mismo durante la desintoxicación. Tras el extenuante proceso de admisión de seis horas, tenía las manos temblorosas con las que apenas pude introducir treinta y cinco centavos en el teléfono para llamar a mi padrino. Pero supongo que era "la siguiente cosa correcta" que hacer.

Al otro día, dos amigos de confianza de mi grupo base me sorprendieron con una visita en el centro de desintoxicación. Me dieron un microgramo de esperanza. Su sola presencia me hizo entender con el corazón lo que mi cerebro había ignorado durante tanto tiempo: "No estás solo. Sigue viniendo. No te rindas cinco minutos antes de que ocurra el milagro". ¡Vaya sorpresa! Vuelve a aparecer la cuestión de Dios, solo que implícita, pero todavía está en la palabra "milagro". No te preocupes, tonto, déjalo a un lado.

Dos amigos más de AA aparecieron esa noche en la reunión del centro de desintoxicación. No era su reunión habitual. Habían ido a darme apoyo. Quizás esto podía funcionar para mí. Necesitaba cada pizca de esperanza.

Cuatro días más tarde, salí del centro de desintoxicación y volví a mi apartamento. Mientras subía los diecinueve escalones hasta el descanso, abrí una carta de la oficina estatal de desempleo. Yo no reunía los requisitos para acceder a los beneficios porque había sido despedido "con causa". Me recliné contra la barandilla y casi me caigo. La media pinta de vodka que estaba debajo del asiento de mi camioneta empezó a llamarme. Ignoro cómo hice, pero la dejé allí esa noche.

Al día siguiente, un sábado, conduje hasta la sede del grupo a reunirme con mi esposa. Después de treinta años de matrimonio, habíamos estado separados sólo diez semanas.

Me entregó mi último cheque, que habían enviado por correo a su dirección, que antes era la mía. Yo quería saber por qué ella no me había permitido visitar a mi gato favorito durante las últimas cinco o seis semanas. ¿La respuesta? Había alguien viviendo con ella. No dijo quién, pero yo sabía. Era un tipo del programa, alguien a quien yo había recogido y llevado a las reuniones al menos una docena de veces. Me había tomado tiempo extra del trabajo para llevarlo. No era uno de los amigos que me visitaron durante la desintoxicación.

La voz del vodka que estaba en mi camioneta se tornó más fuerte. Era una noche infernal. Mi mente iba de mi esposa y su novio a la botella y de nuevo a ellos, que se abrazaban y comenzaban el juego previo, y después de vuelta a la botella, la botella, y a ellos que se abrazaban frente a la chimenea que alguna vez fue mía, y de nuevo a la botella, la botella, la botella. Como en un círculo vicioso, mi mente recorría esa pista feroz. Increíblemente, esa noche me quedé en el apartamento. Por último, el domingo por la mañana, fui hacia la camioneta, miré debajo del asiento y tiré a la basura la botella de vodka medio llena, con otras vacías que encontré. Por algún motivo, no la vacié.

Recuerdo haber pensado que, quizás, ayudaría a que algún pobre vago cerca del basurero dejara de temblar por un rato. Algún pobre vago, como si yo fuera diferente.

Sin trabajo y sin posibilidades de que me contrataran, paralizado del miedo de buscar empleo hasta en un restaurante de comida rápida, fui a muchísimas reuniones: dos, tres y cuatro por día. Empecé a escuchar. Dejé de luchar contra el programa. Perdí un poco de ego y gané un poco de humildad. No ocurrió de la noche a la mañana. Todavía hacía muecas al escuchar a alguien decir: "Dios hizo esto por mí y Dios hizo aquello, etc.", pero comencé a prestar más atención a otras frases:

"Nosotros somos el programa de AA, y nos apoyamos mutuamente pase lo que pase". "Vayan a las reuniones y no beban entre una y otra: a veces, es así de simple".

"Deja que suceda".

No siempre entendí a fondo lo que escuchaba. A menudo la conciencia me llega poco a poco. Pero comencé a escoger y a pasar tiempo con ganadores, personas que, en privado y amablemente, me hacían bromas sobre mi falta de fe, pero que también me hablaban con el corazón y eran muy integradores cuando compartían durante las reuniones.

"No soy ni mejor ni peor que nadie en esta sala", dijo un día un miembro de AA, un amigo arquitecto. Cuando lo dijo, pudo haber estado en la sala alguien que vivía bajo un puente o que acababa de salir de prisión. Pero yo sabía que mi amigo hablaba con el corazón. La verdadera democracia de su declaración me resultó y me resulta muy interesante. Sin embargo, según mi experiencia, apenas uno piensa que está avanzando, aparece un nuevo desafío.

Unos días después de asentir a modo de aprobación a mi amigo arquitecto y a sus interesantes palabras, mi esposa y su novio aparecieron en una nueva reunión que yo estaba considerando. Ella y yo todavía estábamos casados legalmente. Ella no es alcohólica y esa era una reunión cerrada. Nunca me había acompañado a una reunión; ¿qué intentaba hacer él? ¿Él no era peor que yo?, me pregunté a mí mismo. "Sigue viniendo" dijeron mis amigos cuando expresé cómo me sentía realmente. Con más reuniones, encontré otras frases para adoptar:

"Para mí, no es importante pensar o sentir en este momento. Lo importante es actuar. Mis acciones pueden cambiar cómo pienso y siento". "Te querremos hasta que tú te quieras". "Finge hasta que lo logres".

Durante muchos días y las largas y lentas horas de muchas noches, eso fue todo lo que podía hacer: fingir. Hoy en día, casi cinco años después, frecuento a un grupo de ganadores. Algunos de nosotros incluso jugamos al póker regularmente y nos reímos a carcajadas mientras hacemos cosas de hombres. La mayoría de mis amigos son miembros de AA que poseen una dignidad discreta, independientemente del dolor que la vida les presente. Muchos parecen tener una fe firme en un Poder Superior, al que la mayoría llama Dios, pero las opiniones que comparten en las reuniones son mayormente amables, adecuadas y útiles, incluso para agnósticos como yo. Durante largos meses, me quisieron cuando yo no podía quererme a mí mismo. Ahora, amo la vida, a mis compañeros y a los recién llegados.

No, no he "llegado a creer", tal como se sugiere que sucederá en numerosos pasajes del Libro Grande. Pero, al menos, puedo reírme de quién y de qué soy. A veces bromeo sobre mí mismo: "Soy tan agnóstico que hasta dudo de mis dudas sobre Dios". Me aferro a la Tercera Tradición y, cuando alguien intenta introducir la religión en una reunión, amablemente les recuerdo que "El único requisito para ser miembro de AA es querer dejar de beber".

En la literatura de AA, también he descubierto otras frases útiles, por ejemplo: "¿Por qué nos atrevimos a decir… que nunca deberíamos obligar a nadie a pagar nada, a creer en nada, ni a ajustarse a ninguna regla?". Porque quitarle a un alcohólico la oportunidad de recuperarse "a veces equivalía a pronunciar su sentencia de muerte".

Bueno, a veces no soy muy discreto con mis recordatorios. Me queda mucho más por aprender y aprendo cuando menos lo espero.

Para un agnóstico como yo, lograr la sobriedad y mantenerla puede ser complicado. Puede parecer que trituran mi esencia y la lanzan a los confines del universo, quedando sólo un vacío donde solía estar mi alma, si es que la tenía. Pero, si uno es agnóstico o ateo, incluso con la "cuestión de Dios" que aparece, se debe hacer el intento. La única fe que se necesita es la fe en el programa de AA. Deja que suceda.

Michael B.
Atlanta, Georgia

Cualquier Dios
Marzo de 2015

E l cuarto capítulo del Libro Grande se dirige directamente a mí con el título "Nosotros los agnósticos", porque yo lo soy. No tengo una creencia religiosa tradicional en Dios. Sin embargo, no dudo de Dios. Simplemente no sé nada acerca de Dios. Dejo la incredulidad para los ateos.

Esta falta de convicción me retrasó durante el Segundo y el Tercer Paso, pero no afectó mi sobriedad durante los tres años que demoré en llegar al Cuarto Paso, gracias a mi primer padrino, Frank O'B.

Cuando leí en el Segundo Paso que debía llegar a creer en un Poder Superior a mí y, luego, en el Tercer Paso, que debía poner mi voluntad y mi vida al cuidado de esta cosa llamada Dios, mi activa mente alcohólica comenzó a construir una filosofía y una teología con ese propósito. ¡Realmente, era una tarea compleja para un agnóstico!

Sin embargo, Frank simplemente se rio de mis esfuerzos por lo bajo y me mantuvo concentrado en el Primer Paso. Siguió diciéndome que no bebiera, no importaba lo que pasara. Anticipó que yo nunca resolvería los misterios de la existencia de un Poder Superior, de la naturaleza de Dios ni de ninguno de los otros "profundos" enigmas que yo estaba desenterrando. Simplemente, siguió diciéndome que yo no tenía que beber, independientemente de las respuestas que tuvieran estas preguntas importantes.

Me dio algunas pautas sencillas: 1) Me dijo que el Segundo Paso me pedía que encontrara un Poder Superior a mí. No me exigía encontrar el poder más grande del universo. El whisky era un Poder Superior a mí, y me trajo hasta aquí. Las salas de AA eran un Poder Superior que podían ayudarme a mantenerme sobrio. 2) El Tercer Paso no me exigía elaborar una teoría teológica, sino tener una comprensión suficiente para poner en práctica los demás Pasos. Me dijo que cualquier Dios, como yo lo concibiera, querría que yo viviese sobrio.

Estas pautas han sido suficientes para mantenerme sobrio durante más de treinta años, sin exigirme que tuviera la fe inquebrantable del ateo ni la creencia sólida de la persona tradicionalmente religiosa. Frank me enseñó que no tenía que beber, independientemente de las respuestas que tuviera la pregunta sobre la fe y el Poder Superior. Si la respuesta es sí, no, quizás o no sé, no tengo que beber. Los Pasos de AA me mantendrán sobrio. Todo lo demás es beneficio extra.

Jim D.
Toledo, Ohio

Núcleo de amor
Octubre de 2007

Cuento mi historia porque he escuchado cierta controversia sobre el tema de la religión y la espiritualidad dentro del programa. Soy agnóstica y amo AA. No siempre he sido agnóstica. Vengo de una familia muy religiosa. Me eduqué en instituciones religiosas privadas.

Cuando era niña, simplemente creía lo que me enseñaban, así que, por supuesto, creía en Dios. Aproximadamente al llegar a la pubertad, comencé a tener dudas. No podía estar a la altura de las normas necesarias para "vivir en un estado de gracia", sobre todo en términos de conductas y pensamientos sexuales. Entonces, lo más probable era que pasaría la eternidad en el infierno después de morir. No podía ver la lógica en un Dios que nos daba la vida sólo para que un notable porcentaje de nosotros terminara en el infierno. Me convertí en atea antes de terminar la escuela secundaria. Ahora puedo decir que Dios bendiga a quienes creen y viven según sus creencias religiosas. Antes no pude.

Cuando llegué a AA, tenía más de cuarenta años. Durante toda mi vida adulta, había estado segura de que no existía ningún Dios. Los miembros de AA me caían bien y contaban mi historia cuando hablaban de ellos; por eso, sabía que estaba en el lugar adecuado y que hacía lo correcto. Supuse que podía ignorar la "parte de Dios del programa" y sólo hacer el resto. Pero, tras estar "sobria" durante algunos meses y haber superado la falsa euforia de creer que lo único que debía hacer era ir a las reuniones dos veces a la semana y no beber, tuve una crisis. Me sentía infeliz, con mucha ansiedad y no podía dormir. Tras diez días sumida en esta situación, consideré ir a que me hospitalizaran, pero sabía que me iban a dar medicamentos para que durmiera. Me sentí desesperada y no quería que esa fuera la respuesta.

Las personas que mejor me caían y a quienes más respetaba en AA parecían querer hablar muchísimo sobre Dios en las reuniones, así que hice lo inimaginable. Puse en práctica el Tercer Paso. Imaginé al pequeño gurú de la historieta "B.C." y le pregunté qué debía hacer. Esta fue la primera vez que oré en mi vida. La respuesta surgió en una "voz" distinta de la que suelo "oír" cuando pienso, y simplemente me dijo: "Sigue haciendo lo que has hecho hasta ahora". Bueno, durante los diez días previos, había asistido al menos a una reunión al día, hablado con miembros de AA, leído el Libro Grande y escrito en un diario. El Paso que seguía en el Libro Grande era el Cuarto. Comencé el Cuarto Paso y supe que iba a estar bien. Pude volver a dormir.

Existe un Poder Superior. Para mí, no es una teoría. En mi interior, estoy segura de que es una fuente de guía moral, de amor, de sabiduría y de energía que, hasta el momento anterior a poner en práctica el Tercer Paso, ignoraba que existía. Me ha mantenido sobria, me ha ayudado a pasar algunas épocas difíciles y me ha generado momentos de indescriptible alegría durante más de dieciocho años. Ahora creo que todo ser vivo tiene un espíritu que quiere que éste se desarrolle y prospere, mientras que otras fuerzas como la edad, las enfermedades, las heridas y la inmoralidad, intentan conseguir el deterioro. Cuando hablo en las reuniones, uso la palabra "Dios" para hacer referencia a este espíritu. Pero si me piden que describa a Dios como yo lo concibo, mi respuesta sería que no creo en un "Señor" y que no sé ni me preocupa si hay vida después de la muerte. Para algunos, eso me convertiría en agnóstica. Sin embargo, agregaría que mi creencia en un Dios como yo lo concibo me da una mejor vida en la tierra. Me alegro realmente si tus creencias religiosas hacen lo mismo. El dicho "Vive y deja vivir" se aplica bien en este caso. Tanto religiosos como agnósticos aman Alcohólicos Anónimos. Eso prueba que el programa es espiritual, no religioso, y que no interfiere con las creencias religiosas ni agnósticas. Simplemente, nos permite recuperarnos del sufrimiento que nos provoca el alcoholismo y mantenernos bien.

Carmen C.
Port St. John, Florida

Honestidad espiritual
Abril de 1985

Como miembro de Alcohólicos Anónimos en recuperación y agnóstico, me gustaría presentar algunas reflexiones sobre nuestra comunidad, desde una perspectiva agnóstica. Una característica por la que mi propia experiencia es poco frecuente es que, cuando ingresé en el programa hace dieciocho años, tenía creencias convencionales en Dios y aceptaba el papel esencial que se cree que éste tiene en la recuperación (creencia de la mayoría de los miembros de AA, anteriores y actuales). Una de mis creencias más sólidas es, y siempre ha sido, que una recuperación exitosa y feliz se logra a través de cambios personales que se producen al poner en práctica los Doce Pasos. Tras varias recaídas, la última hace sólo dos años, llegué a la conclusión de que había fallado en el compromiso incondicional con la honestidad. Recibir la baja militar por mala conducta, debido al consumo de sustancias, es un recuerdo oscuro de mi pasado, una fuente de humillación tal que nunca se lo conté a nadie, salvo a mi esposa. En la siguiente oportunidad que tuve de hablar en AA, incluí el episodio y, con éste, se fue toda la culpa que había cargado durante treinta años.

Asumir honestamente mi agnosticismo fue un proceso más lento y complicado. La primera parte fue admitir que, si bien me consideraba creyente, siempre me había faltado una calidad de fe genuina y sincera. Mi esposa y muchas personas a quienes admiro, tanto en la comunidad como fuera de ella, tienen una hermosa fe, la cual respeto. Me hice daño en quince años de hipocresía en el programa, cuando pregonaba una creencia que, en realidad, no tenía. Hoy, no me daña admitir mi falta de fe porque no me causa ninguna inquietud innecesaria; ser diferente y discrepar de las opiniones de la mayoría de mis compañeros no me genera culpa.

El paso siguiente fue renovar mi compromiso con los Doce Pasos de la recuperación, principalmente aquellos que hacen referencia directa o indirecta a Dios. En mi primer grupo base, hace mucho tiempo, descubrí un Poder Superior a mí; ese poder del amor y el bien nos ayuda a recuperarnos a través de compartir y lograr juntos lo que nunca pudimos lograr solos. Soy agnóstico porque no puedo decir con honestidad que alguna vez haya experimentado o sentido algo que estoy dispuesto a aceptar como prueba de Dios. Creo en el alma del ser humano, que está por encima y más allá de la fisiología y la mortalidad, aunque no puedo probar su existencia. Algunos verán aquí una contradicción, pero, para mí, es simplemente otro ejemplo de ser diferente, nada más que eso.

El recién llegado a nuestro programa, que está sufriendo, busca una esperanza, una manera de salir del infierno donde el alcoholismo lo ha llevado. Quienes han podido seguir creyendo en Dios de repente encuentran esa fe hermosamente reafirmada y pueden tener una transición relativamente rápida como miembros en recuperación. Otros pueden alejarse porque se les presentan conceptos religiosos, espirituales o abstractos que no pueden aceptar o con los que no pueden identificarse. Tras la primera reunión, probablemente se invite a los recién llegados a sumarse a la Oración de la Serenidad o al padrenuestro y a escuchar la lectura de los Doce Pasos. En "Cómo funciona", escucharán cómo decidimos poner nuestras voluntades y nuestras vidas al cuidado de Dios, como nosotros lo concebimos; cómo, tras un minucioso inventario moral, estuvimos dispuestos a dejar que Dios nos liberase de todos estos defectos de carácter y, humildemente, le pedimos que nos liberase de nuestros defectos; cómo buscamos mejorar nuestro contacto consciente con Dios, pidiéndole solamente que nos dejase conocer su voluntad para con nosotros y nos diese la fortaleza para cumplirla. Posiblemente también escuchen el Preámbulo que dice que AA no es una organización religiosa, pero aun así tengan la impresión de que se le acerca bastante.

Pido que escuchemos a los recién llegados que no pueden comprender ni aceptar el lado espiritual de nuestro programa, que nos adhiramos al enfoque básico y que sólo les pidamos que intenten asistir a noventa reuniones en noventa días con una mentalidad abierta. Podemos salvar una vida, ya que, para muchos, eso es lo que significa quedarse o irse: la vida o la muerte.

Nosotros, que somos distintos, ya sea recién llegados o veteranos, necesitamos tener el beneficio de uno de nuestros lemas más importantes: "Vive y deja vivir".

W. H.
West Lebanon, New York

Ateo y homosexual
Marzo de 2014

C uando llegué a AA a los veintiún años, tuve que superar no uno ni dos, sino tres obstáculos que dificultaban más de la cuenta mi intento por lograr la sobriedad. El primero era mi corta edad. Sólo había gente más grande que yo en las primeras reuniones, lo cual me generaba una sensación de soledad y de ser muy diferente. La edad promedio de la gente de la sala era más del doble de la mía. El segundo, mi homosexualidad. Estaba seguro de que era la única persona homosexual en AA. Todos hablaban sobre sus parejas, mientras que yo todavía ni siquiera había tenido una verdadera relación adulta.

Por último, me consideraba agnóstico o ateo. Como resultado de mi crianza religiosa, llegué a AA con una sensación de inutilidad, temor al rechazo y vergüenza. A menudo, las reuniones concluían con el padrenuestro, y había numerosas referencias a Dios. Pensé que no había manera en que esta comunidad fuese adecuada para mí.

Sin embargo, estaba desesperado y no tenía a quién recurrir. En una de esas primeras reuniones, alguien dijo: "El único requisito para ser miembro es el deseo de dejar de beber". Yo sí lo tenía. Bebía a diario, todo el día. Si bien era "demasiado joven", consumía cantidades masivas de alcohol y tenía lagunas mentales todo el tiempo. Entonces, si bien me sentía terriblemente único, necesitaba lo que AA podía ofrecerme para dejar de beber. Así que me quedé.

Han pasado treinta y dos años desde esos primeros días, y casi me avergüenza admitir que recién el año pasado pude ser completamente abierto en las reuniones generales acerca de quién soy. Siento una creciente obligación de compartir sobre los obstáculos que me frenaban esos primeros días de mi recuperación. Ahora puedo compartir esto para quienes quizás tengan la misma lucha y para mí mismo.

Mi sinceridad es el mejor indicador de mi autoaceptación. Así que atrévete a ser lo más auténtico que puedas. La monotonía es aburrida. Agradezco que mi singularidad extrema no me haya ahuyentado de AA. Hoy en día, celebro las diferencias que dificultaron el inicio de mi recuperación. La comunidad me dio un sentido de pertenencia por primera vez en la vida. Tengo una deuda de gratitud con quienes me apoyaron y me aceptaron tal cual soy. Por ello, estoy en paz conmigo mismo y tengo una buena vida. Gracias a la Tercera Tradición.

Jack B.
Oakland, Nueva Jersey

Yo, agnóstico
Abril de 2011

Mi intención no es ofender a quienes creen en un Dios o tienen una fe espiritual en un Poder Superior. Creo que la mayoría de las religiones o creencias son buenas si tienen el amor, la compasión y el consuelo como principios, si fomentan el crecimiento positivo de la persona y no se usan incorrectamente para dañar o afligir a los demás.

Desde el primero de agosto de 2010, he pasado un año sobrio. Soy un hombre blanco de cincuenta y siete años que se inclina más hacia el lado ateo, pero como el cuarto capítulo del Libro Grande se titula "Nosotros los agnósticos", diré que soy agnóstico. Personalmente, en la actualidad, no creo en ningún Dios ni en ningún Poder Superior personal. Hoy estoy sobrio gracias a la comunidad de AA, al Primer Paso y a la Tercera Tradición. AA me salvó la vida.

Hace un poco más de un año, estaba sentado en la unidad de psiquiatría cantándome feliz cumpleaños después de intentar suicidarme en medio de una crisis por intoxicación etílica. Esa fue la segunda vez en unos meses que estuve internado por setenta y dos horas debido a acontecimientos similares relacionados con el alcohol. Entre estas dos "visitas", había ido a AA, había encontrado un padrino y había estado sobrio durante ochenta y nueve días. Sin embargo, el temor de que, a menos que aceptara a algún Dios o un Poder Superior, estaría "condenado a una muerte por alcoholismo", y enfrentaría el inevitable desastre, me apartó. Me asustó tanto que no podía concluir el Primer Paso.

Me dijeron que mi Poder Superior podía ser cualquier cosa: las fuertes olas del mar, un hermoso árbol o lo que yo quisiera. Así que empecé a orar a los árboles y le mentí a mi padrino diciéndole que había hecho el Segundo y el Tercer Paso. Luego, descarté la idea del árbol y comencé a creer que el sol que veía por la ventana era mi Poder Superior. Es verdad que el sol es poderoso, eso yo lo entendía. Y la idea funcionó, por un tiempo. Pronto, comencé a sentirme tonto cuando le pedía ayuda a los árboles, al sol o al viento.

Se produjo mi segunda "visita" a la unidad psiquiátrica y terminé confinado. Incluso hoy, recuerdo vívidamente las imágenes de la puerta cerrada, la cara del psiquiatra y las palabras que dijo claramente: "Si volvemos a verte aquí, estarás fuera por mucho, muchísimo tiempo". Esas imágenes y esas palabras me asustaron tanto que entendí que no podía volver a beber. Tras diez años de locura alcohólica, entendí. Encontrar una solución dependía de mí.

Durante esos diez años y hasta ese día, nada me había convencido de que tenía un problema. Las numerosas visitas a la sala de emergencias, mi médico que me decía que si yo seguía bebiendo (de cuatro a seis botellas de vino tinto más cuatro a seis botellas pequeñas de vodka al día) iba a morir en un par de años de alguna enfermedad hepática, viajar en avión a otro país para poder beber sin que nadie me reconociera (en Australia, los bares están abiertos las veinticuatro horas del día, de lunes a lunes), dedicarme a alguna actividad humana denigrante y depravada, permitir que mi carrera se hundiese y lastimar a muchas personas en el proceso, tragar un frasco de pastillas para dormir, sentarme en un baño caliente con el cuchillo Stanley de mi vecino (no quiere que se lo devuelva) y mi cuerpo que bramaba alcohol todo el tiempo, en cantidades suficientes para matar un caballo. Nada me despertó hasta ese día en la unidad de psiquiatría. Para mí, fue un mensaje muy claro. Era impotente ante el alcohol y mi vida estaba en ruinas. Necesitaba ayuda a lo grande.

¿Cómo pude mantenerme sobrio durante un año siendo agnóstico en AA? En primer lugar, volví a una reunión de AA temprano por la mañana y me recibieron bien. En segundo lugar, volví a leer el Primer Paso: "Admitimos que éramos impotentes ante el alcohol, que nuestras vidas se habían vuelto ingobernables". Me sentí identificado.

Este Paso era el más sencillo, pero el más importante en mi vida. Yo era completamente impotente ante el alcohol. Éste controlaba mi vida, mi ser, me envenenaba el cuerpo y la mente. Mi vida se había vuelto ingobernable y yo ya estaba cansado de escapar. Con el tiempo, no tuve adónde huir.

En tercer lugar, leí la Tercera Tradición (probablemente por primera vez): "El único requisito para ser miembro de AA es querer dejar de beber". ¿Eso es todo? Estoy dentro.

Soy alcohólico. Tengo la enfermedad, soy consciente de ello y hago lo posible todos los días, para mantenerla detenida con la ayuda de mis amigos y de la comunidad de AA. Sin embargo, sigo siendo agnóstico. Me siento seguro en AA por la compasión y el cuidado que brinda. Escucho historias con las que puedo identificarme. Puedo servir a otros.

El Libro Grande ha ayudado a millones de personas a sentirse cómodas con su propia existencia. Yo soy una de ellas. Si el Libro Grande ha ofrecido consuelo, ¿debemos cuestionar el pequeño porcentaje de éste que nos incomoda o simplemente aceptamos una visión más general, que es que AA nos ha salvado la vida?

Una vez, le pregunté a un ateo que llevaba veinte años sobrio en AA: "¿Qué ocurre con todas las menciones de Dios y los mensajes espirituales del Libro Grande?". "Hay excelentes herramientas para usar en esas páginas", me respondió. "Busca y usa lo que necesites en tu camino hacia la recuperación. El Libro Grande está lleno de sabiduría y esperanza".

Si eres un agnóstico o ateo, toma lo que necesites del programa y utiliza las herramientas para tu propio camino personal. No hay que dejar que el uso (o abuso) ocasional de la palabra Dios asuste. En las reuniones, se comparten historias increíbles, con las que todos pueden sentirse identificados. ¿Y quién sabe? Alguno de nosotros quizás incluso cambie la postura rígida y, algún día, encuentre un Poder Superior propio. Recuerden, esto es AA.... Todo puede suceder.

Un día a la vez.

Anónimo

El principio de la incertidumbre
Septiembre de 1995

Si no creo en Dios, ¿cuál es mi Poder Superior? ¿Cómo puedo aplicar los Pasos? ¿Qué me ayuda a mí, una agnóstica, a lograr la sobriedad y mantenerla? Renuncié a buscar una explicación de mi Poder Superior. Llámenlo defecto de carácter si quieren, pero simplemente no puedo creer. Entonces, ¿cómo aplico los principios de AA? ¿Cómo me mantengo sobria?

Si bien puede parecer extraño, el Tercero y el Séptimo Paso son los que me resultan más útiles. Pongo mi voluntad, mi vida y todas las cosas al cuidado de lo que sea, excepto yo. En lugar de ir contra la corriente de la vida, dando cabezazos contra las paredes o intentando hacer lo imposible, dejo el resultado de mis intentos al curso natural de las cosas. Me recuerdo continuamente que no puedo controlar a los demás seres humanos. Las leyes de la naturaleza controlan sus vidas, al igual que la mía. Me recuerdo que, lo que sea que haga, nunca tengo todos los factores que afectan el resultado. Hago lo mejor que puedo con los datos disponibles, pero no puedo planificar el resultado. En Física, hay algo denominado "el principio de la incertidumbre". La casualidad y lo desconocido tienen una enorme importancia en mi vida diaria como para esperar un resultado determinado.

Sin embargo, esta "entrega" es, esencialmente, un acto de inacción. En el pasado, la inacción fue mi perdición; me llevó a concentrarme en mí y en mis problemas. Entonces, ¿qué más debo hacer? La clave está en reconocer que el peor problema de un alcohólico es el egocentrismo. La solución es concentrarse en los demás. Lo que me mantiene sobrio y sereno es el hecho de dejar ir los resentimientos, la autocompasión, el temor a los demás y lo que sea que provoca que mis pensamientos sobre mí vayan en círculos. Mientras estoy ocupado prestando atención a las necesidades de los demás, me libero de mí mismo. No quiero decir que no debería cuidarme. También debo satisfacer mis necesidades naturales. Pero sólo eso.

El Séptimo Paso, que le pide al Poder Superior que me libere de todos los defectos que se interponen en el camino para ser útil a los demás, es el complemento activo del Tercer Paso. En la oración del Séptimo Paso, veo que el creyente simplemente pide ser una buena persona. Una buena persona no daña a los demás, los ayuda. Siempre que yo sea una buena persona, no debo temer a los demás. Siempre que me ocupe de saber qué actos míos podrían dañar a los demás, no me concentro en mí, sino en los otros. Estoy sobria. En los Pasos cuarto, quinto y sexto, he aprendido qué defectos míos suelen lastimar a los demás. Estar constantemente atenta a estos defectos me mantiene alerta, evita que caiga en la autocompasión, el temor y el resentimiento. Practico lo opuesto al defecto. En lugar de dejar que el temor al fracaso me haga postergar las cosas, practico hacer primero las cosas difíciles. En lugar de permitir que la impaciencia me hierva el cerebro, practico la paciencia. Es fácil volver a los malos hábitos. Al hacer lo opuesto, practico y adquiero buenos hábitos. Aun así, necesito el Décimo Paso para evitar recaer y la meditación en el Paso Once que me permite descubrir qué más necesito para ser feliz y estar serena sin beber.

¿Mi Poder Superior? Las leyes de la naturaleza, las que conozco y las que no conozco.

Oktavia C.
Galveston, Texas

Viviendo en el misterio
Abril de 2010

Probablemente todos los miembros de AA han escuchado en las reuniones que algunas personas hablan sobre "ese asunto del Poder Superior", sobre el modo en que todo el asunto de Dios les hizo detenerse o pensar que, quizás, AA no era realmente para ellos. En general, estas personas hablan a continuación de cómo han cambiado y lo mucho que significa ahora para ellas el Poder Superior. Los fundadores de AA previeron claramente este asunto e incluyeron el capítulo "Nosotros los agnósticos" en el Libro Grande. Este capítulo no funciona en mi caso. Y debería, porque agnóstico es exactamente lo que soy.

Tal vez yo debería comenzar por mencionar mi creencia de que nadie tiene más fe que un ateo. La confianza de que, sencillamente, no existe ningún Dios exige un nivel de certeza del que sólo puedo maravillarme. Por otro lado, la certeza de que hay un Dios también supera mi entendimiento humano. Sospecho que existe un Dios. Pero la sospecha no alcanza para tener fe. El capítulo "Nosotros los agnósticos" dice: "Tú puedes estar sufriendo de una enfermedad que sólo una experiencia espiritual puede vencer". También dice "Nosotros los agnósticos", y eso puedo aceptarlo. El problema es que ignoro qué es una experiencia espiritual.

Soy de esas personas que le pide disculpas a la maleza si la arranco de entre las flores. Para mí, matar un insecto siempre representa un dilema moral. ¿Es eso espiritual o simplemente locura? No lo sé.

Veo posibles pecados y virtudes por doquier. Sin embargo, no sé qué ni quién es Dios, ni si existe. Ni siquiera estoy seguro de que eso sea asunto mío.

Más concretamente, tampoco pienso que mi fe, o mi falta de fe, determine mi sobriedad. Aun así, queda claro en el capítulo para los agnósticos que el Libro Grande habla sobre los agnósticos reformados — que quizás, si sigo volviendo, veré la realidad. Además, el libro indica firmemente que, si no dejo de ser agnóstico, no podré mantenerme sobrio. ¡Eh!, dije.

Aparte de las divinidades, incluso como agnóstico no convencido, en mi universo no hay falta de Poderes Superiores a mí. Se me vienen a la mente las placas tectónicas y la erosión; también, "La fuerza que por el verde tallo impulsa la flor", tal como lo expresó el escritor Dylan Thomas, o "la fuerza de la primavera" sobre la que cantaba Bob Dylan. Los Poderes Superiores están todos a mi alrededor. Y está bien. ¿Pueden mantenerme sobrio unos simples continentes que rozan entre sí? ¿Y la erosión? Supongo que es demasiado pronto para saberlo. Pero, hasta hoy, no tengo ninguna queja. No he bebido nada en todo el día.

En su hermosa y breve biografía de San Agustín, Garry Willis escribió: "Buscamos un misterio, Dios, con otro misterio, nosotros mismos". El mismo San Agustín optó por no explicarlo: "Como es Dios de quien hablamos, usted no lo entiende. Si pudiera entenderlo, entonces no sería Dios".

Con esa fe puedo vivir.

Bert W.
Prescott, Arizona

CAPÍTULO TRES

Uno entre muchos

AA es un programa colectivo

Dado que muchos miembros laicos de AA a menudo se sienten aislados, han luchado por sentirse a gusto en la comunidad. Como cuentan las historias de este capítulo, ellos han encontrado un hogar como miembros productivos de la comunidad de AA que han logrado la sobriedad, sin comprometer sus creencias. Tal como un escritor anónimo expresó en su historia "Un ateo se pregunta": "Como miembro de AA, creo que este es un programa colectivo. 'Nosotros' tenemos un problema". Si bien ese "nosotros" va más allá de la comunidad, tal como lo indica el escritor que se identifica como ateo, "no podemos afirmar que amamos e incluimos a todos los que quieren dejar de beber y, luego, condicionar ese amor a la aceptación de las creencias espirituales".

"El crecimiento y las experiencias espirituales no se limitan a los creyentes ortodoxos que creen en una deidad, de la misma manera que el alcoholismo no se limita a los alcohólicos que viven en la calle", afirma J.B. en "¿Es desagradable el término 'agnóstico'?". A modo de conclusión, J.B. continúa: "En el análisis final, que una persona logre y mantenga una sobriedad saludable depende de que reconozca un Poder Superior a sí mismo. Ya sea que lo personifique en una deidad o lo entienda como una fuerza dinámica, es, de todas maneras, un poder del bien".

En "Un ateo en el armario", C.C. expresa los sentimientos de muchas personas que, en diferentes momentos, se han sentido "excluidas" de la comunidad. "Creo que lo que me mantiene sobrio por sobre todas las cosas es el Preámbulo de AA: 'Alcohólicos Anónimos es una comunidad de hombres y mujeres que comparten su mutua experiencia,

*fortaleza y esperanza para resolver su problema común...'. Así que,
tengamos un poco de tolerancia; tolerancia quizás de las creencias
secretas y no expresadas de la persona que está a tu lado".*

Hay un lugar para nosotros
Marzo de 2015

Son las 8:35 p.m. de un sábado y el orador acaba de sugerir
el tema "¿Cómo obra Dios en tu vida?". Me pongo cómoda
en la silla y me preparo para recibir el mensaje de recuperación. Me he vuelto muy buena para escuchar y captar el mensaje.
Es poco frecuente que me vaya de una reunión de AA sin llevarme un
poquito de esperanza a casa.

Hace diez años que asisto a esta reunión en particular. En noviembre, cumplí veintisiete años de sobriedad continua en el mismo
condado, y el orador lo sabe. Pero no me llamarán esta noche. De
hecho, muy pocas veces me llaman en Alcohólicos Anónimos estos
días. Verás, soy atea. No siento resentimiento por mi reputación en
AA, al menos no con frecuencia. Y, dado que me esfuerzo por ser parte de AA, la mayoría de las veces siento afinidad en las reuniones. Sin
embargo, hay noches en las que dudo, en las que me siento distinta.

Llegué a AA un mes antes de cumplir veintiún años y, sorpren-
dentemente, sigo aquí. Esto significa que, si sigo asistiendo a las reuniones y no bebo, en unos años cumpliré cincuenta de edad y treinta
de sobriedad, sin haber bebido alcohol. Llegué a estas salas sin haber perdido mucho porque, en realidad, no había ganado nada en mi
corta vida, salvo la obsesión por la bebida. Me inundaban el odio, la
rabia, el dolor y la mala disposición, una combinación frecuente que
he visto con el paso de los años. Estas emociones eran todo lo que tenía, salvo por una pequeña voz interior que no quería que yo sufriera
ni muriera, y que fue suficiente para que regresara. Me crié con las
creencias religiosas de mis padres y rechacé la idea de la existencia

de un Dios desde una edad temprana. Recuerdo que, con tan sólo ocho años, cuestionaba las creencias de mis padres y el concepto de Dios. De hecho, cuando encontré a mi primer amor, el alcohol, ya me había rebelado contra la idea de Dios. A los doce años, el alcohol ya me había arruinado, así que no es de extrañarse que me sintiera sin esperanzas a los veinte.

Pasé los primeros años de mi recuperación tratando de vivir sin alcohol. Puse en práctica los Pasos con la ayuda de una madrina e intenté seguir las instrucciones. Si el éxito se mide por si se bebe o no, entonces lo tuve. Sin embargo, aprendí algunas lecciones valiosas en los primeros quince años de mi recuperación. Brindé servicio, puse en práctica los Pasos y seguí yendo a las reuniones; pero en mi interior, sentía un malestar profundo. Había copiado lo que otras personas habían hecho y fingí creer como ellas. Aprendí lo que era más aceptable para los miembros de AA en mi comunidad. Podía repetir de memoria el Libro Grande y decir todas las cosas que la gente quería oír; no obstante, faltaba algo. Quería agradar a la gente y que me aceptaran, y lo hicieron durante esos primeros quince años.

Luego, llegó un punto en mi recuperación en que las cosas comenzaron a cambiar. Se produjeron situaciones en mi vida que me quitaron el equilibrio y me vi obligada a cambiar mi vida y lo que yo era en el mundo. Tuve que abrir los ojos, y comenzaron los cambios. Al principio, fueron graduales y sutiles. Comencé a buscar, no a Dios, sino algo en lo que pudiera creer, algo que tuviera sentido para mí. Empecé por retomar mis estudios y a interesarme por el mundo más allá de AA. He escuchado historias horrorosas sobre personas que dejaron de considerar a AA el centro de sus vidas. Conozco mucha gente que sólo se relaciona con otras personas en AA, y eso les da buenos resultados. Yo no abandoné AA, pero tomé los principios que aprendí allí y salí al mundo. Aprendí a escuchar esa voz interior sana que todos tenemos, si es que hemos permanecido en este camino por algún tiempo. Encontré pasatiempos e intereses fuera de las salas de AA y, con frecuencia, invité a mis amigos de AA a ir al teatro o a la ópera. Por primera vez en mi vida, comencé realmente a prosperar. Supe que era atea desde hacía más de cinco años, pero me llevó un tiempo tener el valor para salir del clóset y mostrarme ante el público general de AA. Lo hice mientras hablaba en una reunión matutina del Domingo de Pascua hace más de tres años. Al menos tres personas se levantaron y se fueron. La verdad es que no lo había planeado así. En pocas palabras, sólo hablé sobre lo que creía y sentía que era necesario expresar en voz alta. Antes de ese Domingo de Pascua, no había pronunciado palabra en las reuniones durante más de dos años. Había estado escuchando en busca de mi verdad y, finalmente, apareció.

He escuchado de todo desde entonces. Me han dicho que, en realidad, soy budista o nativa estadounidense y, por supuesto, que me embriagaré si no recapacito. Hay personas que me ignoran y otras que no me comprenden, pero yo me esfuerzo por ser amable con todas ellas. Lo más importante son las personas a las que no les interesan mis creencias porque me aman así y las respetan, aunque tenemos conversaciones excelentes sobre nuestras diferencias, café de por medio.

A menudo, me preguntan qué hago todos los días para mantenerme sobria sin creer en un Dios. Hago lo mismo que hacen los creyentes, sin la dependencia en un Dios. Me levanto por la mañana y me concentro en lo que debo hacer. Me esfuerzo por ser mi mejor versión, para poder aportar comprensión, amor y tolerancia a mis relaciones personales. Entrego todo, no a un Dios, sino al conocimiento de que vivo en un mundo que no puedo controlar. Asumo la responsabilidad de lo que sucede en mi vida e intento ser proactiva con las cosas que sí puedo modificar. No soy perfecta, ni de casualidad, pero no soy peor, poniendo en práctica estos principios, que ninguna otra persona que cree en Dios. Encuentro paz en el camino de la vida y en vivir el presente. Todavía pongo en práctica los Pasos y, sí, no lo hago usando la palabra Dios. Tengo una madrina, amadrino a otras mujeres, y presto servicio. Creo firmemente en prestar servicios también fuera de AA y que encontrar el equilibrio en todo lo que hago es la clave para lograr una recuperación sólida y el amor por la vida.

Siempre ha habido ateos en la historia de la humanidad. A veces, han sido ignorados y otras perseguidos, pero siempre han estado presentes. Hay ateos en AA. He conocido a algunos y todos somos miembros productivos de AA y de nuestras comunidades. El Libro Grande fue escrito para incluir más que una pequeña porción de la humanidad, y hay lugar para nosotros, los ateos. Las Doce Tradiciones fueron escritas para garantizar la accesibilidad de AA a todos aquellos que tienen el deseo de dejar de beber. Estoy agradecida al programa de Alcohólicos Anónimos. He encontrado un estilo de vida que, primero, respondió a mi problema con la bebida y, luego, me dio soluciones a los problemas de mi vida.

Anónimo

Basta del asunto de Dios
Enero de 1970

Hace catorce años, asistí a mi primera reunión de Alcohólicos Anónimos. Buscaba liberarme del temor y del alcohol. A menudo, la lucha me desalentaba, pero valió cada minuto. Algunos de los momentos de sobriedad han sido un infierno puro, pero lo que había tenido antes era muchísimo peor.

Si vuelvo a beber, en el mejor de los casos, quizás sólo tenga una resaca fuerte. En el peor, se me pudriría el cerebro de tal modo que quedaría en estado vegetativo de por vida. ¿Vale la pena? ¿Por un mísero trago?

Comencé a beber en mi adolescencia, y los nueve años que siguieron fueron divertidos, si bien mi esposa no pensaba lo mismo. Cuando cumplí veinticuatro años, me di cuenta de lo que era tan obvio para los demás: que tenía problemas con la bebida. Pero no estaba convencido del todo, así que, naturalmente, no hice nada al respecto. Pasaron otros tres años infernales antes de que encontrara AA. De inmediato, tuve una sensación de pertenencia, de que yo le importaba a alguien. Todos los miembros de AA habían recorrido el mismo tipo de camino que yo, así que me comprendían. No puedo describir la maravillosa sensación de alivio que me inundó al saber que ya no tenía que beber, que lo único que debía hacer era seguir unas simples sugerencias para liberarme del alcohol y del temor. Un día a la vez.

Me hicieron ver que si cambiaba de actitud, toda mi vida cambiaría. Sin embargo, si seguía aferrado a mis viejas ideas y hábitos, era muy probable que terminara embriagándome. Decidí darle un buen intento al programa. Cuando llegué a AA, todavía creía en Dios, o eso pensaba, y seguí pensándolo durante doce años más. Era el Dios con el que solía negociar: "Sácame de esto y no volveré a hacerlo nunca más". Bueno, pronto comprendí que eso no era muy justo. Aun así, durante los doce años siguientes, acepté el concepto de "Dios como yo lo concibo". Sin embargo, la idea no me convencía del todo, si bien de la boca para afuera parecía que sí. ¿Parece que estaba confundido? Lo estaba. Nunca reflexioné sobre mis creencias de manera analítica ni sólida. Ahora, por fin, lo he hecho y sé que ya no creo en cuentos de hadas ni en palabrerías.

Poco más de dos años atrás, tuve que ir al psiquiatra. Sabía que debí haber ido mucho antes, pero tenía miedo. Sentía que debía estar dispuesto a ver a un psiquiatra antes de que éste pudiera ayudarme. Así como sucede cuando uno se acerca a AA, es necesario estar dispuesto.

Había un problema: mi esposa me estaba enloqueciendo, y yo la dejaba. No podía manejar la situación y, durante dos años desastrosos, estuve a punto de embriagarme y sabía muy bien que esa no sería la respuesta. Saber eso me salvó. El tiempo que tenía como miembro de AA, además de muchos amigos, indudablemente contribuyeron a que mantuviera el sano juicio. Pero, al final, todo esto no era suficiente. Si bien mi problema no era algo de lo que podía hablar, intenté hacerlo en tres ocasiones. La primera vez, obtuve una mirada perdida; la segunda, me respondieron: "Tengo mis propios problemas". La tercera, recibí compasión, lo cual fue bueno, pero no una respuesta.

Así que, durante casi un año, fui al psiquiatra. Me mostró cómo manejar una situación intolerable: lidiar con los problemas, adaptarme o hacer algo más. Durante el mismo período, me topé con un libro que me ayudó a ver el camino para salir del misticismo y de la cuestión de Dios.

Si te alteras con facilidad, no sigas leyendo. Pero, si continúas, intenta mantener la mente abierta. Recuerda, no hablo en nombre de AA. Esta es mi opinión, y se supone que tengo derecho a expresarla. Si la cuestión de Dios te funciona, entonces úsala. En asuntos cotidianos, como volver a techar mi casa o cultivar patatas, Dios no hace el trabajo ni lo paga, ni debería hacerlo si existiera. Y creo que, si me muriera en un accidente automovilístico, no sería su voluntad, al igual que si viviera hasta los ciento tres años (sí, es un pensamiento espantoso). No creo que si mi hijo naciera con problemas mentales o físicos, fuera la voluntad de Dios. ¡Jamás! Y mi hijo nació con esos problemas. ¿Qué dices? ¿Un "Dios de amor"? No me lo creo. Simplemente no tiene sentido.

La ciencia ha probado que evolucionamos de "cosas" unicelulares hace millones de años. Los médicos han descubierto muchas de las razones de las malformaciones físicas y mentales. No hay nada místico sobre la vida. Sí, a veces es misteriosa. Sin embargo, el pensamiento inteligente y años de investigación han revelado muchos de sus secretos. A medida que avancen las investigaciones, se descubrirán aún más.

Quizás te preguntes por qué o cómo sigo sobrio, o tal vez digas: "Con razón tuvo problemas". Posiblemente digas que, sin creer en un Poder Superior, nadie puede mantenerse sobrio, o al menos no felizmente. ¡Tonterías!

Conozco muchas personas que son totalmente sinceras con su creencia en un Poder Superior, pero, sin embargo, todavía se emborrachan. Algunas de ellas han estado dentro y fuera de AA durante muchos años. Conozco a un hombre que está en AA hace diecinueve años y que se irritaría increíblemente si se usara el nombre de Dios en vano. Sin embargo, todavía tiene que pasar su primer año sobrio. Hace unas semanas, se consideró con seriedad la posibilidad de pedirle a un hombre que se retirara de la reunión porque había manifestado claramente que no creía en Dios. Dijo que, para él, la idea era totalmente incoherente con todas las pruebas que podía ver. De las aproximadamente veinticinco personas que había en la sala, nueve se levantaron y se fueron. Sólo quedaron cuatro o cinco que no parecían estar tan ofendidas. El resto sintió pena por el hombre, o ira en su contra, o ambas. Hasta acá llegó la mentalidad abierta que supuestamente debemos tener.

No es necesario que estemos desbordados de felicidad para mantenernos sobrios. Si bien ayuda si lo estamos, no es necesario.

Hay tres factores que me mantienen sobrio: 1) las muchas personas que conozco en AA. (Si ellas pueden, yo también puedo, con su ayuda); 2) los principios establecidos en los Doce Pasos; 3) yo. Sí, yo. Si no coopero ni lo intento verdaderamente, regresaré a mis viejos hábitos. Estos tres factores están en un estado de cambio constante en cuanto a lo eficaces que son para mí. A veces, el primero es el más eficaz; otras, es el segundo; otras veces, el tercero. Ya sea aislados o juntos, no importa cómo, funcionan para mí.

Escribo esto con la esperanza de poder llegar a los alcohólicos que no creen en "Dios como lo concebimos". Cada vez encuentro más gente como yo, que no cree. Agradezco el coraje del hombre que se puso de pie para ser contado. Sinceramente creyó que era necesario expresarse por los alcohólicos que piensan como nosotros. Después de todo, se trata de comunicación, ¿verdad? Los creyentes tienen derecho a creer lo que deseen, y parece funcionarles a miles de ellos. La persona que llega a la misma conclusión que yo también tiene derecho a su opinión. No nos nieguen el derecho a tener una voz impresa.

AA no funcionará para quienes simplemente lo necesitan, sino para quienes verdaderamente lo quieran. Lo quise al principio y aún lo quiero. Por eso, tras catorce años, sigo sobrio. Logramos juntos lo que fui incapaz de hacer solo.

Y, al final, es realmente sencillo: Sólo por hoy, no beberé.

R. S.
Vancouver, British Columbia

Guardamos silencio
Octubre de 1987

Recientemente, mi hijo de veintiocho años empezó a reconocer su problema cada vez mayor con el alcohol (una situación con la policía ayudó a que le prestara atención), y fue por su cuenta a su primera reunión de AA. De niño, había ido a reuniones conmigo; ahora hace dieciséis años que estoy sobrio en AA. Con el paso de los años, ha visto cómo mi vida ha ido mejorando, y estoy seguro de que sabe del alto índice de éxito de AA para la recuperación del alcoholismo. Cuando él estaba por cumplir dieciocho, le hablé sobre la probabilidad de heredar el alcoholismo y sobre la gran posibilidad de que se volviera alcohólico; él dijo: "No te preocupes. Si me doy cuenta de que tengo esa herencia, simplemente iré a AA".

Ha llegado su momento, pero su primera visita a AA fue un desastre para él. Dice que el único miembro que se le acercó fue una mujer, sin dudas, con buenas intenciones, que empezó a decirle que lo primero que tenía que hacer era creer en Dios. La sugerencia de esta mujer de que Dios lograría su recuperación del alcoholismo le resulta casi tan absurda como lo sería la sugerencia de usar derramamiento de sangre o algunos tratamientos vudú para la mayoría de nosotros en el mundo occidental moderno. Como ven, al igual que yo, mi hijo es ateo.

Cuando mi hijo me contó de su encuentro, intenté hacerle ver que yo y una mujer agnóstica que él conoce habíamos tenido éxito con el programa de AA. Pero su comentario fue: "Quizás ustedes puedan manejarlo, pero yo no quiero perder mi tiempo con esto. Tendré que encontrar una manera razonable de solucionarlo". Al igual que muchos alcohólicos, quizás aún no esté del todo seguro de si quiere comprometerse con la sobriedad. La religiosidad opresiva que encontró le dio precisamente la excusa que necesitaba para salir corriendo.

Lamentablemente, dos de sus amigos que también habían buscado ayuda en AA y la habían rechazado por los mismos motivos que mi hijo, después de experiencias similares, apoyaban su opinión de AA como grupo de fanáticos religiosos.

La experiencia de mi hijo y sus amigos me llevó a considerar por qué y cómo pude encontrar compatibilidad entre la enseñanza de AA y mis propias filosofías ateas. Creo que mis orígenes me prepararon mejor. Me había criado en una religión que rechazaba, pero que también entiendo y por la que no siento ningún tipo de animosidad. Simplemente, no considero que la creencia en Dios se pueda sostener con pruebas ni que sea lógica, ni necesaria para vivir feliz. Eso era lo que yo creía cuando ingresé a AA y es lo que continúo creyendo a lo largo de mi larga sobriedad. Sospecho que mis contactos anteriores con personas religiosas a quienes amaba y en quienes confiaba me hicieron más tolerante o, al menos, menos desconfiado de sus ideas. Además, el hombre que me sugirió llamar a AA era un ateo de AA y me había advertido de la fuerte orientación hacia Dios de muchas personas. Este miembro de AA me había sugerido contar mis ideas cuanto antes, y pedir que me derivaran con alguien que tuviera ideas similares.

Además, creo que mi primera llamada a AA fue significativamente distinta a la de mi hijo. Le conté a la mujer que vino a llevarme a una reunión que era ateo y que me preocupaba que AA no funcionara para mí. Ella respetó mi actitud y me hizo ver cómo AA, independientemente de Dios o de un Poder Superior, tenía mucho para ofrecer que era muy práctico. AA me ofrecería (y me ofreció) orientación amable por parte de personas que habían recorrido el mismo camino que yo. Con el apoyo de la comunidad, podría desarrollar aptitudes para vivir que yo había descuidado durante muchos años. La comunidad sería una fuente inmediata de contacto social con quienes tampoco bebían. AA podía enseñarme a ser un ser social sin tener que usar las drogas a las que estaba acostumbrado. La mujer me contó que los Doce Pasos podían convertirse en una excelente guía para vivir razonable y armoniosamente con los demás y conmigo mismo.

Ni esa primera noche, ni durante los años de nuestra amistad, jamás me dijo que debía encontrar a Dios para mantenerme sobrio.

A lo largo de los años, he sido reservado con respecto a mi ateísmo en las reuniones de AA porque sé que va en contra de la mayoría de los miembros y de la literatura de AA. El capítulo para los agnósticos es bastante claro en su mensaje de que, de alguna manera, todos eventualmente encontraremos a Dios, y que esa creencia es fundamental para los seres humanos. No estoy de acuerdo, pero cuando se habla de Dios o de un Poder Superior en las reuniones, tiendo a evitar hacer comentarios, excepto en el grupo pequeño y unido al que asisto. Por lo demás, mis aportes mayormente se limitan a temas sobre la sobriedad práctica. Durante muchos años me he negado a hablar en las reuniones porque no pensaba que yo debía contar abiertamente cómo AA funciona en mi vida.

Quizás fue una actitud acertada de mi parte cuando aún estaba bastante mal y los beneficios de AA no eran tan obvios en mi vida. Parecía inadmisible afirmar que la sobriedad es posible sin creer en Dios, cuando tenía tan poco tiempo sobrio, y mi equilibrio mental y emocional era tan frágil. Pero han pasado los años y todas las promesas de AA se me han cumplido. Mi vida es más rica de lo que jamás hubiera imaginado, y todo se lo debo al programa de AA. Los Doce Pasos de AA y el intercambio de ideas con otras personas que se están recuperando del alcoholismo son tan eficaces para combatir esta enfermedad que, para algunos de nosotros, estas herramientas solas son suficientes para lograr una sobriedad gratificante. Me preocupa que muchos no se den cuenta de esto.

Casi nunca escucho a otra persona admitir su falta de fe en Dios, y tengo la impresión de que muy pocos ateos siguen en AA. El hombre que me mandó a AA, después abandonó la comunidad. Con frecuencia, me he preguntado si los ateos generalmente se van o si finalmente se quedan porque tienen más voluntad o determinación para creer que yo. Recientemente, he llegado a sospechar que ninguna de estas opciones es lo que realmente sucede. Escucho tan poco de los ateos en AA porque los que no creemos en Dios guardamos silencio al respecto. Lo he hecho, en parte, por timidez y, en parte, para evitar el comentario que generalmente surge al admitir el ateísmo: que algún día creeré o me emborracharé. No se puede demostrar que la relación entre creer en Dios y la sobriedad sea constante. Con el tiempo, he visto a muchas personas emborracharse a pesar de que manifestaban que creían en Dios y que tenían una concepción clara de él. El clero sufre de alcoholismo tanto como cualquier otro grupo de personas. Está claro que creer en Dios no es garantía para no volver a beber. Las pruebas que me rodean me han convencido de que la sobriedad es el resultado de que un alcohólico en recuperación ayude a otro; ambos luchando por lograr la vida responsable y ordenada que se describe en los Doce Pasos de AA.

Con frecuencia, en las reuniones de AA se dice que AA no es un programa religioso, sino que es un programa espiritual. Sin embargo, en AA la mayoría de la espiritualidad se expresa en terminología religiosa. El término Dios (con "D" mayúscula) y la referencia a "él" y "su voluntad" provienen directamente de las escrituras judeocristianas occidentales. No podemos esperar que un ateo recién llegado lea entre líneas la jerga religiosa y concluya que una frase como "un contacto consciente con Dios" pueda traducirse como "una actitud iluminada".

Todos deberíamos poder explicar a los recién llegados cómo funciona AA con términos que ese alcohólico en particular pueda entender. Jamás intentaría explicar lo que es AA, según mi propia interpretación atea, a un alcohólico que cree en Dios y sugerirle que haría bien en modificar su percepción para poder estar o mantenerse sobrio. En cambio, puedo hablarle sobre Dios utilizando las diversas referencias y explicaciones que abundan en la literatura de AA. Sin embargo, probablemente es más difícil al revés. Un miembro que cree en Dios no tiene gran cantidad de ideas de los ateos para compartir con el ateo recién llegado. Pocos de nosotros exponemos nuestra postura en las reuniones; hay muy poco escrito en la literatura de AA.

J. L.
Oakland, California

Un ateo se pregunta
Agosto de 2011

Yo soy ateo. También soy un miembro de AA, y lo he sido durante más de cuatro años.

La primera reunión de AA a la que asistí, en Búfalo, Nueva York, fue una de las experiencias más únicas y poderosas que tuve en mi vida. No tengo ningún interés en promocionar ni en condenar a AA. He visto a muchas personas encontrar ayuda en AA. También he visto a muchas personas venir a AA desesperadas, sólo para irse frustradas porque no pudieron encontrar la ayuda que necesitaban.

A medida que pasan los años, y mientras sigo asistiendo a las reuniones de manera regular, me he vuelto consciente de ciertas actitudes imponentes que creo dañan mucho el objetivo principal de AA. Me siento obligado a oponerme a esas declaraciones e ideas dañinas que, creo, se interponen en un diálogo abierto, honesto y sanador.

He podido encontrar ayuda en AA porque me criaron con una comprensión de distintos conceptos que AA da por supuestos. Por ejemplo, el uso de la palabra Dios. El libro Alcohólicos Anónimos hace todo lo posible para parecer que acepta e incluye a todos los que sufren de adicción al alcohol. Sin embargo, está claramente escrito en un tono moral, más cristiano que nada, y su idioma parece más cordial para quienes vienen de un origen cristiano. Además, mientras que a todas las personas se les promete la libertad de elegir su propia idea de un Poder Superior, el uso frecuente de la palabra "Dios" con mayúscula inicial, y la redacción de las oraciones sugeridas, no parecen ser inclusivas de ningún concepto no cristiano. Prácticamente, no hay referencias en la literatura de AA a ninguna práctica espiritual externa a las creencias cristianas.

Al analizar nuestro texto básico, se nos asegura, al comienzo del capítulo titulado "Nosotros los agnósticos", que muchos de los miembros originales de nuestra comunidad eran ateos o agnósticos, pero el capítulo adopta un tono cada vez más coercitivo que presenta al ateísmo como un defecto que debe corregirse si lo que uno espera es mantenerse sobrio.

Esta polémica genera una pregunta muy importante, que se discute de manera abierta o encubierta en muchas reuniones de AA: ¿Nuestro objetivo primordial es mantenernos sobrios o encontrar la fe en un Poder Superior? La literatura, en una lógica muy circular, sugiere que estas dos cuestiones se resuelven juntas al practicar los Pasos. Esto genera un gran problema para el ateo o agnóstico cuando llega al Segundo o al Tercer Paso. Sus compañeros del programa pueden intentar alentarlo en el concepto de un Poder Superior, diciéndole que es totalmente libre de elegir su propia idea de Dios. ¿Qué sucede si decide no creer en Dios? Podemos escuchar en las palabras de muchos creyentes, con buenas intenciones, que somos libres de elegir el grupo, la reunión o "lo que sea", como nuestro Poder Superior. La insinuación está siempre presente; quienes eligen no creer en Dios son, en cierta forma, inadecuados.

Escuchamos en las reuniones cómo Dios está haciendo por nuestros compañeros lo que ellos jamás podrían hacer por sí mismos. Alguien consigue un trabajo, un auto, una casa o se recupera de una enfermedad (y esto es, de alguna manera, una prueba de la implicación de Dios en sus vidas personales). Todos sabemos que quienes no somos cristianos, incluso los ateos, tenemos experiencias excepcionales y mundanas todos los días, en todo el mundo. Sabemos que muchas personas se abstienen de beber por muchas razones, que nada tienen que ver con creer en Dios. Obviamente, muchas personas en el mundo beben como parte de una tradición religiosa o espiritual.

Creo que ya es hora de empezar a preguntarnos por qué hay tanto miedo y prejuicio, específicamente hacia los ateos y agnósticos, incluso en una organización como AA, que (al menos, en la superficie) afirma no tener afiliación religiosa.

Si una persona que está en una reunión está atravesando un momento difícil y resulta ser creyente, el tono de la reunión tiende a ser alentador. Sin embargo, si una persona está atravesando un momento difícil y admite que es no creyente, el tono tiende a ser de culpa, como si se le hubiera impuesto un castigo. Creo que es hora de empezar a llamar a este aceptado prejuicio contra los no creyentes por su verdadero nombre: intolerancia.

Muchas veces he escuchado el cliché que AA es un "programa espiritual, no religioso"; pero si la literatura de AA y asistir a más de dos mil reuniones en el oeste de Nueva York me han demostrado algo, es que AA tiende a tener una fuerte influencia cristiana.

He escuchado a muchos miembros de AA dar su testimonio de amor y gratitud hacia un Dios cristiano (a veces, incluso específicamente Jesús), a menudo ante el embelesamiento y los aplausos de los hermanos de AA. También he sido testigo de la reprobación rotunda de quienes hablan acerca de su incertidumbre, duda, escepticismo o falta de fe en cuestiones religiosas o espirituales. He visto a los mismos miembros, que pregonan su propio "derecho" a hablar sobre su entendimiento personal de cuestiones espirituales, volverse hostiles con quienes comparten una visión no cristiana o atea.

Como miembro de AA, creo que este es un programa colectivo. "Nosotros" tenemos un problema. "Nosotros" no podemos afirmar que amamos e incluimos a todos los que quieren dejar de beber y, luego, condicionar ese amor a la aceptación de las creencias espirituales, específicamente cuando la única opción espiritual que se presenta en nuestra literatura es nada menos que un dialecto cristiano sutilmente encubierto. No se puede amar realmente algo que no se comprende. Honestamente, ese es el motivo por el que no creo en Dios. He leído y escuchado a muchos creyentes eruditos y apasionados, y aún no he encontrado una explicación de un ser divino y sobrenatural que para mí tenga sentido.

No obstante, que no se me malinterprete. Estoy totalmente de acuerdo con que, en los momentos de dolor o desesperación, ayuda visualizar una imagen de fortaleza, amor o belleza, en la mente. Es posible que distintas personas le den distintos nombres a esa imagen. Yo simplemente creo que nuestras visualizaciones emanan del

interior de la mente humana, una dimensión recóndita, pero no sobrenatural. Amo a muchas personas que son cristianas. Debido a mi
educación, entiendo la base de sus creencias y soy respetuoso de sus
opiniones... en la misma medida en que sean respetuosas de las mías.

Por otro lado, es fácil para una persona atemorizarse, o incluso
volverse hostil, con lo que desconoce. Sea que a uno lo hayan educado
como creyente o no, hay que intentar hacerse esta pregunta: ¿Mi fe
(o falta de fe) me da el coraje para dejar mis miedos de lado y tener la
oportunidad de entender algo distinto?

Anónimo

Sin un Poder Superior
Enero de 2010

Este ateo "cruzó el umbral de nuestra comunidad" y se
quedó. A los cincuenta y dos años, asistí a mi primera reunión de AA, el siete de octubre de 2001. No he necesitado
tomar ni un solo trago desde ese momento.

Si no fuera por AA, es probable que jamás hubiera logrado ni una
semana seguida de sobriedad.

Si bien me resultó bastante difícil digerir toda la "cuestión de
Dios" de los Doce Pasos, inmediatamente me enganché con la Tercera Tradición, que dice: "El único requisito para ser miembro de AA es
querer dejar de beber".

También tuve la buena suerte de dar con un estudio de los Doce
Pasos durante mi primera semana de recuperación. Ha sido mi grupo
base desde ese momento. Ahí fue cuando alguien llamó mi atención
sobre el capítulo referente al Segundo Paso en los "Doce Pasos y Doce
Tradiciones", donde dice: "Primero, Alcohólicos Anónimos no te exige que creas en nada. Todos sus Doce Pasos no son sino sugerencias".

En mi grupo base, también aprendí acerca de un compañero llamado "Ed" en el estudio sobre la Tercera Tradición en los "Doce Pasos

y Doce Tradiciones". Su verdadero nombre era Jimmy B. Fue uno de los miembros fundadores del grupo de Nueva York y, aparentemente, fue el primer ateo acérrimo en lograr una recuperación duradera en AA. Su historia personal "El círculo vicioso", fue finalmente incorporada en la segunda edición del Libro Grande. Cuando se hace una búsqueda en Internet, aparece mucha información interesante sobre Jim. Es mi héroe personal de AA.

Con el tiempo, también descubrí el panfleto "Preguntas y respuestas sobre el apadrinamiento", en el que, para mi alivio, se señala que "algunos alcohólicos han podido lograr y mantener la sobriedad sin creer en ningún Poder Superior personal". Eso me incluye a mí.

En un artículo publicado en la edición de abril de 1961 del Grapevine (reimpresa en Lo mejor de Bill), Bill W. se lamenta: "Aunque trescientos mil se han recuperado en el curso de los pasados veinticinco años, otros quinientos mil más han cruzado el umbral de nuestra comunidad sólo para dar la vuelta después y apartarse de nosotros... de poco nos serviría echar la culpa completa por todas estas malogradas recuperaciones a los mismos recién llegados. Es posible que muchos de ellos no disfrutaran de la calidad y cantidad de apadrinamiento que tan urgentemente necesitaban".

¡Sin duda, yo sé lo que es eso! Terminé echando a dos padrinos en los primeros tres meses de mi recuperación. El primero insistió dogmáticamente en que tenía que poner mi voluntad y mi vida al cuidado de cierto tipo de Poder Superior si quería mantenerme sobrio. Mi segundo padrino recayó. Lamentablemente, los padrinos que en realidad siguen las excelentes sugerencias que se exponen en "Preguntas y respuestas sobre el apadrinamiento" parecen ser tan poco comunes como los tréboles de cuatro hojas. Estuve sin padrino durante quince meses antes de encontrarme con mi padrino actual. Para ese momento, ya había progresado mucho trabajando con un programa de recuperación personalizado que yo había diseñado para mí mismo, uno que no hace ninguna referencia a ningún tipo de concepto de "Poder Superior", ni siquiera usando mi grupo base o AA en su totalidad como sustituto de Dios. El primer consejo oficial de mi nuevo padrino fue: "Lo que sea que hayas estado haciendo, obviamente está funcionando para ti; así que no intentemos 'arreglarlo'".

Después de años de estudiar los Doce Pasos en mi grupo base y de analizarlos con mi padrino, ahora entiendo por qué la fe en "Dios como nosotros lo concebimos" era de suma importancia para Bill W. y para la mayoría de los pioneros en AA.

Como claramente lo explica el Dr. Harry Tiebout en el apéndice del libro Alcohólicos Anónimos llega a su mayoría de edad, casi todos padecieron cierta forma de narcisismo. Su narcisismo había eficazmente bloqueado su recuperación del alcoholismo y, finalmente, los convirtió en borrachos de bajo fondo, los que "no tienen remedio".

La cura obvia para la grandiosidad y el narcisismo desenfrenado es una mayor humildad; y como dice en el texto sobre el Séptimo Paso en los "Doce Pasos y Doce Tradiciones": "El tratar de adquirir cada vez más humildad es el principio fundamental de cada uno de los Doce Pasos de AA".

Sin embargo, como el Dr. Silkworth señala en "La opinión del médico": "La clasificación de los alcohólicos parece sumamente difícil". Fundamentalmente, nos dice que todos los alcohólicos: "Tienen un síntoma en común; no pueden empezar a beber sin que se presente en ellos el fenómeno del deseo imperioso". Sin duda, eso me describe. Está claro que todos tenemos problemas con los que tenemos que lidiar si queremos mantenernos sobrios y felices; con frecuencia, estas son cuestiones que "adquirir cada vez más humildad" simplemente no afectará.

El programa de recuperación con el que trabajo aborda directamente mis problemas. La única persona en el mundo para quien debe funcionar es para mí, y definitivamente lo hace muy pero muy bien. Hoy no sólo estoy sobrio; soy mucho más feliz de lo que jamás soñé que podía ser.

Ahora tengo una docena de apadrinados. Cuatro de ellos, como yo, son ateos que no usan el concepto de Poder Superior en absoluto. Dos de ellos ya han gozado de más de cuatro años de sobriedad continua.

Obviamente, no insisto en que todos mis apadrinados deban trabajar con el mismo programa de recuperación, ni tampoco los ins-
truyo en el programa de recuperación que diseñé para abordar mis
propios problemas, "defectos de carácter", si así lo desea. En cambio,
los aliento a que cada uno siga mi ejemplo, identificando sus propios
problemas y luego trabajando con un programa de recuperación activo, sistemático y reflexivo, diseñado por ellos mismos y para ellos
mismos, para abordar directamente sus problemas.

A lo largo de los años, he soportado muchas críticas de otros
miembros de AA por mis creencias poco ortodoxas, especialmente
por mi negación a respaldar los Doce Pasos como un programa de
recuperación perfecto que se adapta a todos los alcohólicos. Pero si
Bill W. aún estuviera vivo, estoy seguro de que me daría el visto bueno. Como sugirió en la forma larga de la Tercera Tradición, "Nuestra
comunidad debe incluir a todos los que sufren del alcoholismo. Por
eso, no podemos rechazar a nadie que quiera recuperarse".

Sin duda, eso me incluye. Mi mayor esperanza es que si suficientes personas siguen mi ejemplo, algún día se incluirá a millones más
como yo que previamente podrían haber "cruzado el umbral de nuestra comunidad para luego dar la vuelta y apartarse de nosotros"

Greg H.
San Diego, California

¿Es desagradable el término "agnóstico"?
Septiembre de 1969

Me parece que la palabra "agnóstico" con mucha frecuencia
se utiliza mal y que las personas entienden muy poco la diversidad de las ideas agnósticas, tanto al escribir para las
publicaciones de AA, como al hablar en las reuniones. Con frecuencia, el escritor o el orador describe un punto de vista ateo y lo etique-
ta como agnóstico. Sin limitarse a esta práctica, luego continúa us-

ando la palabra "agnóstico" con un sentido despectivo. Me pregunto dónde algunos de nuestros miembros de AA aprendieron el concepto de que un agnóstico no cree en nada. Incluso el ateo puede tener un credo personal, un Poder Superior. Sin embargo, no es mi intención hablar por los ateos; ellos hablan por sí mismos.

Como agnóstico, no acepto como verdad absoluta las explicaciones teológicas de lo que Dios es o no es. Mi falta de confianza en el antiguo saber teológico, si se toma literalmente, no hace que sea menos creyente en la existencia fundamental del bien en la humanidad.

No sabemos lo que es la electricidad, pero no dejaría de ser una fuerza si tuviera otro nombre o incluso si no tuviera nombre. Debido a que tiene ciertas propiedades físicas, la humanidad la acepta como un fenómeno físico. Hubo un tiempo en el que la gente inteligente pensaba bastante distinto.

En ese entonces, fue necesaria la existencia de un temperamento agnóstico para dudar de que las deidades estuvieran ejerciendo sus poderes sobrenaturales en forma de relámpagos, y este escepticismo preparó el terreno para un pensamiento más iluminado sobre el tema. Si, a lo largo de la historia del hombre, las antiguas ideas sobre las deidades no se hubieran rechazado por instigación del pensamiento agnóstico, la cultura moderna no existiría y el programa de AA no podría haber cubierto el amplio espectro de las relaciones humanas que efectivamente cubre y seguirá cubriendo.

Por su punto de vista, el agnóstico no está encadenado al temor al castigo sobrenatural ni a la expectativa de ser recompensado por el buen comportamiento. Es libre de explorar las teologías de la humanidad sin sentir que debe estar de acuerdo con todos esos variados puntos de vista para apreciar su belleza espiritual. El agnóstico busca. Definitivamente, de manera intuitiva, reconoce ese Algo en su vida, aunque no lo encuadre dentro de los conceptos predefinidos de cualquier teología. Está mirando de manera tan profunda y experimentando la vida tan intensamente como aquellos que profesan una creencia ortodoxa. El temperamento del agnóstico está lleno de ideas poco ortodoxas. Su búsqueda de pruebas es inherente a su naturaleza. No se trata de ser antisocial o terco en su aparente rechazo a formular o aceptar la deidad teológica. Sabe que hay Algo, pero no le da un nombre, no lo define, ni lo limita a ninguna teología; sus convicciones internas no le permiten estar satisfecho con definir su experiencia espiritual en jerga teológica. Es totalmente incapaz de negar ese llamamiento interno que lo hace buscar respuestas iluminadas dentro del ámbito de su propio entendimiento y de su experiencia interna.

Durante mis nueve años de sobriedad en AA, he pasado bastante tiempo intentando entender la diferencia entre los agnósticos, como yo, y los creyentes ortodoxos, con respecto a la iluminación o a las experiencias espirituales. He estudiado las experiencias escritas de las personalidades más famosas del cristianismo que sufrieron un cambio interior aparentemente drástico, y he escuchado los conflictos internos que han expresado mis compañeros agnósticos mientras estaban experimentando un cambio interno profundo. Sinceramente, no veo una diferencia importante en los fenómenos del despertar espiritual y su desarrollo que han experimentado ciertos místicos de la cristiandad y agnósticos iluminados en AA. Las diferencias que existen sólo radican en las distintas formas de formular la experiencia en afirmaciones significativas. El creyente ortodoxo lo llama Dios y se vale de diversas técnicas de teología para entender la experiencia. El agnóstico reconoce que la experiencia está por encima del nivel del conocimiento humano y, por lo tanto, considera que el idioma del hombre es inadecuado para describir la maravilla y el temor reverencial que siente cuando experimenta un profundo cambio interno o una iluminación. Lo llama su Poder Superior. (Para simplificar la cuestión, he limitado estos comentarios a los creyentes ortodoxos y a los agnósticos; no es que desconozca la variedad de experiencias espirituales que abundan entre los miembros de AA de todos los credos).

El crecimiento y las experiencias espirituales no se limitan a los creyentes ortodoxos que creen en una deidad, de la misma manera que el alcoholismo no se limita a los alcohólicos que viven en la calle. A veces, me enferma la estigmatización del agnóstico. Algunas personas dentro de nuestra comunidad casi no se dan cuenta del efecto dañino que sus visiones obtusas causan al agnóstico recién llegado. Su comportamiento poco ortodoxo como alcohólico activo ya lo ha aislado de la sociedad. Sabe que necesita ayuda, y es suficiente haber sufrido los horrores y el estigma de ser un alcohólico activo; no debería ser estigmatizado en AA por ser agnóstico.

Los agnósticos deberían suscitar el mismo respeto por la dignidad de sus conceptos personales que quienes trabajan por el bien de la humanidad a través de creencias ortodoxas (tanto dentro como fuera de AA).

En el análisis final, que una persona logre y mantenga una sobriedad saludable depende de que reconozca un Poder Superior a sí mismo. Ya sea que lo personifique en una deidad o lo entienda como una fuerza dinámica, es, de todas maneras, un poder del bien, superior a él, que inspira el respeto de todos los hombres y ofrece consolación, fuerza y gozo a quienes lo buscan.

J. B.
Casper, Wyoming

Grapevine exclusivo en línea
¿Cuáles son los requisitos?
Octubre de 2013

A veces, pareciera que se hubiera modificado la Tercera Tradición para expresar: "El único requisito para ser miembro es querer dejar de beber y creer en Dios". En muchas reuniones, y también en artículos del Grapevine, escucho que a menos que profese una creencia en Dios, estoy condenado a volver a beber. Generalmente, este Dios no es un Dios como yo lo concibo, sino un Dios como ellos lo conciben.

He estado sobrio en AA durante más de treinta años. Durante los primeros diez años más o menos, intenté creer y les hice creer a los demás que yo creía. Por sugerencia de mi padrino, recé a diario y puse en práctica los Pasos. Mientras más estudiaba religión y a Dios, más me convencía de que esto no era para mí. Sin embargo, seguía yendo a las reuniones, apadrinando a otros (si creían en Dios no hacía nada para desalentarlos) y participando en servicio, y me mantenía sobrio.

La mayoría de la literatura de AA sobre este tema me resulta muy condescendiente. Incluso el cuarto capítulo del Libro Grande, "Nosotros los agnósticos", promueve la idea de que los ateos y los agnósticos, con el tiempo, llegarán a creer en Dios.

Para este ateo, en las reuniones, la discreción no está reñida con la valentía. Muchos AA insistirán en que este es un programa espiritual y luego explicarán sus creencias religiosas, y por qué yo debo aceptarlas.

No es mi tarea ni tampoco mi intención convencerlos de que se vuelvan ateos. Si bien no está bien de mi parte señalar los errores de su pensamiento, ¿por qué piensan que es su responsabilidad convertirme? No tengo problema en creer en muchos Poderes Superiores a mí. Simplemente creemos en cosas diferentes.

En la edición de junio de 2013 del Grapevine, "K.K." escribió: "La Sexta Tradición nos recuerda que debemos ser cuidadosos de no respaldar". Cuando un nuevo miembro o un visitante viene a una reunión de AA y ve que la reunión se cierra con el padrenuestro, ¿no supone que AA debe ser una organización cristiana ya que el padrenuestro es una oración cristiana y AA la respalda? Nosotros decimos: "Quiero que la mano de AA esté siempre allí". ¿Estamos poniendo restricciones con respecto a quiénes se les permitirá tomar esa mano?

Bob L.
Gilbertsville, Pennsylvania

Un ateo en el armario
Abril de 1978

Hace veintisiete años, llamé a AA. Le dije a la chica que atendió que tenía un problema. "¿Cuál es su problema? ¿El alcohol?, preguntó. "Claro que sí", respondí, "pero soy ateo". Ella me dijo las palabras justas: "Bueno, no hay problema, hay muchos ateos en AA". Para hacerme salir corriendo, hubiera bastado con que me dijera: "Usted no es ateo; seguramente cree en algún tipo de Poder Superior".

Esto fue hace algún tiempo, cuando AA era más pequeño, y la chica debe haber comunicado que iba a haber un nuevo hombre, y que se tomaran con calma la parte espiritual. De todas maneras, en las primeras reuniones a las que asistí no se hacía demasiado hincapié en Dios.

Algunos antecedentes sobre mí. Estaba sumamente interesado en el juicio del "Mono" de Scopes, en Tennessee, en 1925. Durante algunos años después, los periódicos y los suplementos del domingo estaban llenos de artículos sobre el "eslabón perdido". Empecé a leer Darwin, Wallace, Lamarck, Mendel. En el año 1930, me uní a otros librepensadores en la ciudad de Nueva York para hablar sobre ateísmo. Un grupo de nosotros hicimos una protesta en una estación de radio en San Francisco; exigiendo (y lo logramos) que se concediera igual tiempo a un ateo el domingo. Ya son suficientes antecedentes.

Los Doce Pasos parecían significar lo que ellos decían. Los miembros me dijeron que podía usar cualquier concepto de un Poder Superior que me gustara. En el Segundo Paso quizás tenga sentido creer que el poder que va a devolverme el sano juicio es el poder del grupo, y en el Tercer Paso, que quizás el grupo pudiera hacer algo conmigo si yo ponía mi voluntad y mi vida a su cuidado. Pero no tenía demasiado sentido para mí. Luego llegó el Quinto Paso. ¿Cómo admito mis defectos ante un Dios o algo en lo que no creo? El Sexto y el Séptimo exigían algunos conflictos mentales. En un plazo de ocho o nueve meses, llegué a la conclusión de que si no podía conciliar mis creencias, no podría mantenerme sobrio en el programa. Como en mi juventud había sido católico, fui a la iglesia para que me enseñaran. Durante nueve meses, una vez y, a veces, dos veces por semana, un sacerdote trabajaba conmigo, explicándome el Génesis. Yo le argumentaba Darwin. Después de nueve meses, él (y yo) pensamos que ya creía en Dios y en la teoría de la creación. Debido a una serie de matrimonios y divorcios, la iglesia me permitió asistir a misa, pero no tomar los sacramentos. Esto me convirtió en una especie de católico de segunda clase. ¡Hablar de resentimientos!

Pero me mantuve sobrio durante cinco años. Después lo eché a perder. Luego de una breve estadía en los barrios bajos, y con la ayuda de una organización caritativa, volví a la ciudad y regresé al programa. Recientemente celebré mi aniversario número veinte en AA.

Creo que lo que me mantiene sobrio, por sobre todas las cosas, es el Preámbulo de AA.: "Alcohólicos Anónimos es una comunidad de hombres y mujeres que comparten su mutua experiencia, fortaleza y esperanza para resolver su problema común...". Eso, lo puedo creer, y de hecho, lo creo. Soy un ateo en el armario. Participo en el padrenuestro, sabiendo que no me daña, al menos, no más que lo que puede dañar a un católico agregar: "Tuyo es el reino, etc.". Cuando se discute alguna pregunta espiritual y se me pide que hable, generalmente evito hacer comentarios. No hago proselitismo ni adentro ni afuera de AA; no intento convertir a nadie para que piense como yo. Sólo pido a algunos miembros entusiastas y bien intencionados que no critiquen con tanta dureza la cuestión de Dios. Hay ateos en las trincheras; hay ateos en AA. Así que, tengamos un poco de tolerancia; tolerancia quizás de las creencias secretas y no expresadas de la persona que está a tu lado. Nunca sabremos por qué ese nuevo miembro nunca regresó. Ser ateo no está bien visto, y no todo ateo lo confiesa abiertamente. Entonces, no echemos de vuelta al mundo del alcoholismo a los agnósticos ni a los racionalistas.

Me alegra que no me hayan echado.

C. C.
Sacramento, California

CAPÍTULO CUATRO

Vida grupal

La participación en el servicio es, para muchos miembros,
un componente fundamental para mantenerse sobrio

Un grupo de AA suele definirse por su inclusión fundamental y el entendimiento en toda la comunidad; como afirmó Bill W., que *"Cuandoquiera que dos o tres alcohólicos se reúnan en interés de la sobriedad, podrán llamarse un grupo de AA".* La participación en la vida de un grupo está abierta a todos los AA y muchos ateos, agnósticos y no creyentes han encontrado en el servicio dentro de la comunidad un gran pilar para lograr la recuperación.

"Durante mi tiempo en AA, he realizado muchos trabajos de servicio de todo tipo", escribe Life J. en su historia, *"Mente abierta", "y conozco a muchos otros agnósticos (que han estado en este programa por más de diez años) quienes, como yo, se han dedicado más al servicio que el miembro promedio".*

En *"Un ateo deja de aferrarse",* Gene J. escribe sobre iniciar una nueva reunión para ateos y agnósticos, y convertirse en el RSG o Representante de Servicios Generales (incluso antes de que supiera qué era un RSG). *"Pueden decir que me picó el gusanillo del servicio",* cuando se dio cuenta de que la sede de su grupo no tenía una reunión para ateos y agnósticos. Alguien sugirió que él iniciara una, y así lo hizo.

Cuando un alcohólico ayuda a otro, pone en acción la pieza fundamental de AA, y, como Jerry S. escribe en *"En busqueda de nuestro camino",* incluso al admitir finalmente ante sí mismo que no creía en Dios, descubrió que había algo en lo que sí creía sin reservas: AA. *"AA funciona porque sólo un alcohólico que está intentando mantenerse sobrio puede ayudar a otro alcohólico que quiere estar sobrio. ... ¡Y el vínculo que se establece entre ellos es una experiencia espiritual! ... Creo que eso es lo que realmente sucedió en Akron entre Bill y el Dr. Bob, y es como aún funciona hoy".*

Sobrio por coincidencia
Octubre de 2016

Una vez, alguien publicó en su página de una red social: "DIOS EXISTE". Me sentí obligado a responder: "¿Dónde está la prueba?".

La respuesta fue: "Coincidencias; son muchas para que sean casuales". Respondí: "Creo que no he tenido suficientes experiencias para convencerme".

Me han ocurrido coincidencias desde que empecé en AA. La primera se produjo cuando abrí un directorio de reuniones, después de reconocer que tenía un problema y necesitaba ayuda. Encontré una reunión llamada "Nosotros los agnósticos", directamente frente a la tienda de bebidas alcohólicas a donde iba por la noche cuando quería más alcohol. Fue en esa reunión que pude encontrar un padrino del cual estaba bastante seguro de que no me obligaría a aceptar a Dios. El simple hecho de que hubiera una reunión llamada "Nosotros los agnósticos" me dio esperanza.

La siguiente coincidencia se produjo después de haber leído algo de la literatura de AA. Me empecé a preocupar por si podría mantenerme sobrio a largo plazo ya que me parecía imposible creer en un Dios. ¿Sería suficiente considerar a la comunidad como Poder Superior? Fue entonces que me llegó por correo la revista Grapevine (por una suscripción que, por coincidencia, había ganado en un sorteo). En esa revista Grapevine había un artículo que mencionaba a una mujer que había estado sobria durante cuarenta años usando la comunidad como su Poder Superior. ¡Cuarenta años! Me alivió saber que, de hecho, uno puede ser ateo y mantenerse sobrio a largo plazo; que el ateísmo no es un obstáculo para la sobriedad.

Y acá va otra coincidencia: Me ofrecí como voluntario para ser Representante de Servicios Generales (RSG) de mi grupo base de

"Nosotros los agnósticos", con la esperanza de descubrir cómo podía promover la creación de un panfleto dirigido a los alcohólicos que tenían un problema con la preponderancia de Dios en la literatura de AA. Y justamente el primer evento para RSG al que asistí fue un taller de "Conceptos". En una de las mesas había un panfleto titulado: "Muchos caminos hacia la espiritualidad", y era prácticamente todo lo que yo propondría.

Ahora, si yo fuera una de esas personas que creen que las coincidencias son prueba de la existencia de Dios, hubiera pensando que Dios no tenía problemas con que yo fuera ateo. Creo que Dios sólo quiere que yo consiga la sobriedad, independientemente de si creo en él o no. Pero como yo no soy de los que creen que las coincidencias demuestran que Dios existe, pienso que la razón por la que había una reunión agnóstica, la razón por la que había un artículo en el Grapevine y la razón por la que había un panfleto, es porque una cantidad suficiente de miembros de AA ateos y agnósticos frustrados decidieron hablar. Y estoy tan agradecido de que lo hicieron, porque probablemente no estaría aquí si no lo hubieran hecho.

S. B.
Ventura, California

Mente abierta
Octubre de 2016

El veinte de febrero de 1988 dejé de beber, inicialmente, por mi cuenta. Pero después de unos meses, comprendí que sólo sería cuestión de tiempo antes de que volviera a beber si no tenía algún tipo de ayuda, y como estaba casi en quiebra, AA era la única opción.

Sabía poco de AA, y ciertamente, toda la cuestión de Dios fue una sorpresa, pero me quedé. Creo que me quedé porque en la segunda o tercera reunión me senté al lado de un tipo realmente grande que habló acerca de tener miedo a las personas, y eso era algo con lo que me identificaba. Yo también tenía miedo a las personas. Probablemente, este tipo me salvó la vida, y nunca lo sabrá. Sentí como si hubiera llegado a casa, a pesar de la cuestión de Dios, y AA fue mi casa hasta hace sólo un par de años. Aún voy varias veces a la semana, aunque ya no la siento como mi casa.

Nunca guardé en secreto el hecho de ser agnóstica, o quizás atea; no me interesa mucho como lo llamemos, pero tampoco le encontraba mucho sentido a hablar demasiado al respecto.

Más tarde, hace aproximadamente seis o siete años, comencé a asistir a las reuniones en línea de AA, y ahí, con frecuencia, veía que se acosaba a los recién llegados con la necesidad de encontrar un Dios, hasta que se iban en una nube de protestas e indignación. No discutí abiertamente el tema con los veteranos que hacían eso, pero me sentía cada vez más incómoda. Después, di con el grupo AA "Agnóstica" y me involucré bastante. Un día, una recién llegada entró a nuestra comunidad local y anunció que era agnóstica. En ese preciso momento tomé la decisión de que era hora de iniciar una reunión para no creyentes. Así que empecé a recopilar material, y luego fui a nuestra reunión intergrupal local y anuncié que iba a iniciar un grupo de AA para librepensadores. Imaginé que nadie iba a tener ningún problema con esto. Después de todo, estábamos en el norte de California liberal, ¿no? Pero si bien parecía haber una pequeña mayoría que apoyaba la idea de formar un nuevo grupo, en la siguiente reunión se presentó como tema de discusión si esta reunión podía incluirse en el cronograma (aunque en el cronograma diga que las reuniones se incluyen según la demanda y que esto no implica su aprobación). Había un par de personas que particularmente se oponían, y empezaron a juntar votos en contra. Resistí valientemente, pero al final renuncié a la lucha catorce meses después.

Esta experiencia me radicalizó mucho más de lo que jamás hubiera querido. Hubiera preferido que simplemente me dejaran dedicarme a lo mío, concentrarme en mi recuperación, ayudar a los pocos agnósticos recién llegados que se cruzaban en mi camino, y a cualquier otro recién llegado que pudiera, y lograr ser todos juntos una gran familia feliz. Pero parece que la unidad se ha perdido por la uniformidad verticalista.

En estos días, me enfada cualquier mención de Dios, al menos, en la medida que se suponga que se hace también en mi nombre. Y soy consciente de que esta uniformidad tiene un apoyo importante de varios otros intergrupos y miembros individuales en todo el país, que han decidido comenzar a regir AA. El libro Reflexiones diarias será por siempre una piedra en mi zapato. Se lee al comienzo de muchas reuniones de AA, y parece que independientemente de cuál sea la cita para comenzar, siempre deriva en una charla sobre Dios. Dado que Reflexiones diarias continúa interminablemente con el tema, también lo hago yo. Estoy segura de que habrá miembros más veteranos que dirán que esto se debe a que sólo he estado sobria durante veintiocho años y que más será revelado.

Por otro lado, una agnóstica que se había mantenido sobria durante cuarenta y tres años, finalmente salió del clóset después de que empecé a hablar del tema. Durante todos esos años, lo había ocultado con mucho cuidado. Quizás en algún momento vuelva a arraigarme, pero ciertamente no lo parece. Temo que ese "más" que será revelado es la manera en que AA se está volviendo cada vez más fundamentalista, a pesar de que la cantidad de gente que no tiene ninguna religión está en aumento en la población en general; la población en general está aumentando y AA se está achicando. Para que AA finalmente no se achique y se convierta en una reliquia peculiar del último siglo, o en un obscuro movimiento religioso más, debemos volver a la mentalidad abierta, al amor y a la tolerancia.

En AA tiene que haber lugar para los no creyentes, y no que sólo puedan quedarse de brazos cruzados en las reuniones mientras los miembros hablan sobre Dios sin parar. Los no creyentes debemos ser miembros de AA plenamente valorados, con todo lo que tenemos para ofrecer. Durante mi tiempo en AA, he realizado muchos trabajos de servicio de todo tipo y ahora conozco a muchos otros agnósticos (que han estado en este programa por más de diez años) quienes, como yo, se han dedicado más al servicio que el miembro promedio.

Sí, quiero que quede claro que he sido recompensada con una buena vida. AA salvó mi vida; no hay duda de eso. Sin embargo, ya no tengo esa reconfortante sensación de que soy parte de la tribu, aunque hay algunos pocos creyentes de mentalidad abierta que se esfuerzan por hacerme sentir que aún soy parte.

Bill W. hizo siempre hincapié en la inclusión, y a medida que se hizo mayor y su sobriedad maduró, se volvió un hombre de una mentalidad incluso más abierta con respecto a los agnósticos en AA. A pesar de que no se nos incluyó en el cronograma iniciamos el grupo para librepensadores, y tengo que anunciarlo dondequiera que vaya. El intergrupo, nuestro nuevo órgano rector, nos quiere mantener al margen; sin embargo, nuestra reunión cae bien, bien dentro de los siguientes parámetros definidos por Bill W. en el Grapevine, en 1946, cuando llevaba once años sobrio:

"Cuando quiera que dos o tres alcohólicos se reúnan en interés de la sobriedad, podrán llamarse un grupo de AA. Esto implica claramente que un alcohólico es miembro si así lo dice él; que no podemos privarle de ser miembro; que no podemos exigirle ni un centavo; que no podemos imponerle nuestras creencias o costumbres; que él puede burlarse de todo lo que nosotros sostenemos y, no obstante, seguir siendo miembro. En realidad, nuestra Tradición lleva el principio de independencia individual a tal fantástico extremo que, mientras tenga el más mínimo interés en la sobriedad, el alcohólico más inmoral, más antisocial, más criticón, puede reunirse con unas cuantas almas gemelas y anunciarnos que se ha formado un nuevo grupo de Alcohólicos Anónimos. En contra de Dios, en contra de la medicina, en contra de nuestro programa de recuperación, incluso unos en contra de otros — estos individuos desenfrenados todavía constituyen un grupo de AA, si así lo creen."

Life J.
California

Un ateo deja de aferrarse
Junio de 1998

Hace años, cuando empecé a barajar la idea de que podía ser alcohólico, hablé con algunas personas que eran miembros de AA con la esperanza de entender mejor mi problema. Pero con cada persona con la que hablaba, me encontraba con un obstáculo asociado con el Segundo y el Tercer Paso. El mensaje habitual que recibía era que no había ningún problema en ser ateo, siempre que creyera en Dios. Buen truco.

Intenté mostrarles la contradicción que implicaba esta idea, pero me dijeron que no podía trabajar con el programa de AA sin cierto tipo de Poder Superior, independientemente de si a ese Poder Superior lo llamaba Dios o lo que fuera. "¿Por qué no usar una silla como Poder Superior?", me decían. (Por algún motivo siempre usaban "una silla" como ejemplo). Tenía dos problemas con esta sugerencia. Primero, era un insulto a mi inteligencia. Segundo, me preguntaba qué tipo de concepto de Dios tenían si relegaban a Dios al nivel de una simple silla.

En ese entonces, yo estaba viendo a una consejera que estaba intentando hacerme entrar en AA. Ella creía que había un grupo de ateos en algún lugar de la ciudad, pero no estaba segura dónde. Resolví que si había un Poder Superior, ese poder no quería que yo me uniera a AA. Si lo hubiera querido, ¡habría creado un grupo que negara su existencia!

Estuve internado aproximadamente siete semanas por depresión. Si bien no recibí tratamiento por mi alcoholismo, tuve la oportunidad de reflexionar seriamente mientras estuve en el hospital. Dejé el hospital habiendo aceptado que era alcohólico, pero sin saber qué hacer al respecto. Retomé una terapia de grupo a la que había asistido. El perspicaz consejero que facilitaba ese grupo había obtenido información sobre un grupo de AA de interés especial para ateos y agnósticos. Él sabía que mi única defensa racional en contra de unirme a AA era mi ateísmo; entonces, cuando me dio la información sobre esta reunión, decidí que iba a ver de qué se trataba.

No voy a entrar en detalles sobre lo nervioso que estuve en la primera reunión o cómo todos me recibieron y me hicieron sentir a gusto, no sólo con mi alcoholismo, sino también con mi ateísmo. Saber que ellos habían pasado por lo mismo que yo, hizo que me quedara.

Mis cuatro primeros meses en AA fueron exclusivamente en esta reunión. No podía imaginarme asistiendo a reuniones tradicionales. Pero a medida que pasó el tiempo, empecé a sentirme más seguro de mis sentimientos y me alentaron a asistir de vez en cuando a las "reuniones de Dios". La primera de esas reuniones fue en la sede del grupo local y trató sobre el Cuarto Paso.

Bien, pensé, no tendré que lidiar con el Segundo y el Tercer Paso. Y así fue. Obviamente, al aceptar que era alcohólico, había completado mi Primer Paso, así que ahora todo lo que tenía que hacer era simplemente concentrarme en el Cuarto Paso. (En realidad, iba a concentrarme en cómo evitar el Cuarto Paso; pero esa es otra historia). Pero el concepto detrás del Tercer Paso aún era un problema para mí.

Siempre había sido una persona terca y manipuladora. Cometí mi primera estafa cuando tenía tres años. Creé una pequeña canción y un baile que no sólo hizo que mi familia me adorara, sino que también me permitió ponerlos en contra de mi hermano mayor. Pero ahora empezaba a ver que mis días de estrella habían terminado. No tenía trabajo, dinero ni hogar. Vivía en un refugio, recolectaba colillas de cigarrillos del desagüe y creía que no tenía ningún futuro.

Como no tenía un Poder Superior al cual entregar mi voluntad, simplemente dejé que mi voluntad fuera a donde quisiera. No importaba dónde terminara; sólo quería quitármela de encima. Quizás podía hacer que otras personas asumieran la responsabilidad de mis actos, así que empecé a hacer todo lo que la gente me decía que hiciera. Seguía todas las sugerencias como si fuera prácticamente un zombie. Y nunca faltaban los consejos.

"No bebas", me dijeron. Bueno, de todos modos, no tenía dinero para alcohol.

"Ve a las reuniones", me decían. No hay problema. Era mejor que andar dando vueltas por el centro del Ejército de Salvación con todos los locos.

"Escucha lo que se dice en las reuniones". No tenía opción, era un zombie. Al principio, las cosas que escuchaba me entraban por un oído y me salían por el otro. Pero luego sucedió algo sorprendente. Empezaron a quedarse en mi cabeza. ¡Caramba!, las cosas que escuchaba empezaron a tener sentido. Cosas sobre honestidad, integridad y comunidad. Promesas sobre serenidad, intuición y seguridad.

¿Seguridad? Me estaba preocupando un poco por mi seguridad. Le mencioné a mi primer padrino que el refugio cerraría en una semana y no tenía a dónde ir. Me dijo: "Menciónalo en la reunión. Alguien quizás responda". Buen consejo. Lo mencioné en la reunión y alguien no sólo me ofreció un lugar para quedarme durante un tiempo, sino que también me ofreció un trabajo temporal, ayudándole a trabajar en su casa. Resultó ser ideal. Él vivía a sólo dos cuadras de la sede del grupo, así que podía ir a todas las reuniones que quisiera.

Como el trabajo era temporal, sabía que tenía que buscar otro. Una vez más tomé la sugerencia de mi padrino. En una de las reuniones de interés especial mencioné, como por casualidad, que pronto buscaría un trabajo como secretario legal. Una mujer me entregó una tarjeta de presentación. Dos días después tenía un buen trabajo en un prestigioso bufete de abogados.

Lo mismo sucedió con mi apartamento. Alguien sugirió que consultara el cartel de anuncios. Allí encontré una tarjeta de presentación de un edificio de apartamentos. Sólo planeaba quedarme ahí hasta que terminara el verano y pudiera encontrar un lugar decente para vivir, pero me terminó gustando tanto que hace un año que vivo ahí.

Luego me involucré en el grupo de ateos y agnósticos. Pueden decir que me picó el gusanillo del servicio, entonces, cuando me di cuenta de que la sede del grupo no tenía una reunión para ateos y agnósticos, alguien dijo que yo debería iniciar una, y fue lo que hice.

Un amigo dijo que debía convertirme en el nuevo Representante de Servicios Generales (RSG) de la reunión. Acepté la sugerencia y me convertí en el RSG. Estaba tan entusiasmado con este nuevo cargo, que una semana más tarde, incluso, le pregunté a mi amigo qué era un RSG. Me lo dijo, pero me di cuenta de que era muy tarde para echarme atrás.

Veo que hay mucha gente que enfoca el Tercer Paso desde lo que yo considero que es una perspectiva equivocada. Pasan el tiempo intentando buscar este "Dios que ellos conciben" para entregarle su voluntad, sin darse cuenta de que no es necesario que haya un receptor de su voluntad: todo lo que tienen que hacer es dejarla ir. Y eso es lo que hice; la dejé ir.

Aquí está el Tercer Paso como debería leerse para quienes creen como yo: "Decidimos encomendar nuestra voluntad y nuestra vida al cuidado de la sabiduría colectiva y de los recursos de quienes han buscado antes que nosotros".

Esa "sabiduría colectiva" me enseñó muchísimo. Pero lo más importante es esto: cuando renunciamos a nuestra voluntad, no renunciamos a nuestra responsabilidad. Y si bien estoy empezando a lograr un mayor control de mi vida, aún escucho, confío y sigo el consejo que recibo de esa sabiduría colectiva.

Pero ya pasé mi primer año de sobriedad, y sé que tengo que aceptar la responsabilidad de convertirme en parte de esa sabiduría colectiva. Y tengo que estar listo para que otra persona entregue su voluntad; alguien que va a confiar en mí. Sé que siempre que no me olvide del consejo que me dieron, no es posible que dé un mal consejo a otra persona.

Así que quisiera terminar dándoles un consejo. Hagan una pausa, tómense un café y, simplemente, entréguense.

Gene J.
Chicago, Illinois

Las puertas abiertas
(Tomado del *Grapevine*)
Noviembre de 1996

Durante la Asamblea de Servicios Generales de 1996, la Zona Sureste de Nueva York recomendó la creación de un panfleto para los alcohólicos que fueran no creyentes. Lamentablemente, la Asamblea resolvió no considerar la idea de un panfleto.

Sé que AA es un programa espiritual, y no necesariamente religioso, pero, a veces, la distinción no está bien clara. Leí el capítulo "Nosotros los agnósticos" en el Libro Grande, pero descubrí que no era muy reconfortante para un nuevo miembro que no haya encontrado a Dios. Al comienzo, temí que si no podía creer (o no creía) en Dios, no podría mantenerme sobria. Esto es aterrador para un nuevo miembro.

Claro, muchos miembros nuevos ni siquiera leen el Libro Grande. Por eso creo que evolucionó el concepto de los panfletos de AA. Y si bien hay un panfleto titulado "¿Piensas que eres diferente?", las otras "diferencias" que se mencionan en el panfleto ahora tienen panfletos individuales dedicados a esas inquietudes (todas menos el ateo/agnóstico). ¿Por qué?

Me pregunto cuántos alcohólicos se pierden AA porque no pueden creer o no creen en Dios. He hablado con muchos alcohólicos sobrios que me dicen que aunque finalmente encontraron un Poder Superior como lo conciben, la "cuestión de Dios" les resultó muy difícil cuando recién llegaron. Muchos se fueron para investigar más. ¿Cuántos jamás regresaron? En el grupo "Nosotros los agnósticos", de la ciudad de Nueva York, en el que soy Representante de Servicios Generales (RSG), escuchamos muchas historias de este tipo. Desearía que hubiera llegado el momento de también darle la bienvenida a esos alcohólicos que tienen un dilema inicial o constante con el concepto de un Poder Superior. Espero que todos podamos recordar que el nuestro es un programa de inclusión, y que es responsabilidad de todos nosotros recibir a cualquiera que entra por nuestra puerta, independientemente de sus creencias.

Naomi D.
Nueva York, Nueva York

Palabras de un ateo
Abril de 1985

Dejé de tomar, recobré la sobriedad y encontré la paz al ser consciente, y luego aprender a ser agradecido, de las cosas simples que constituyen la alegría de vivir, en lugar de obsesionarme con la naturaleza exacta de mis males; al dejar que otros me ayudaran a ayudarme, en lugar de buscar la supremacía moral; al aprender a vivir y dejar vivir; y desde luego, al no examinar las ideas "erróneas" de otras personas acerca de Dios, del Libro Grande o de los Doce Pasos.

La serenidad no se me ha concedido por intervención divina ni me cayó en las manos. La serenidad, junto con otros aspectos positivos, como la sensación de pertenecer, la libertad y la felicidad recién descubiertas, y un mejor entendimiento de mí mismo, se cruzan en mi camino al aprender a aceptar. La aceptación, especialmente del simple hecho de que algunas personas crean en Dios y otras no.

Existe un poder humano muy real llamado compartir, sin el cual no estaría vivo hoy, y mucho menos estaría liberado del alcoholismo.

Así funciona para mí, y estoy dispuesto a permitirlo.

J. A.
Dayton, Ohio

Mi búsqueda
Octubre de 2016

Fui a mi primera reunión de AA por una especie de accidente. Estaba ahí para apoyar a mi mejor amiga de la secundaria que estaba sobria. Había estado incursionando en mi problema con el alcohol, con cierto dolor, pero no había tocado fondo, no todavía.

En la primera reunión, se plantó la semilla cuando un miembro de AA dijo: "No es la frecuencia con la que bebes ni cuánto bebes. Es lo que sucede cuando bebes". En respuesta, me dije a mí misma que sólo bebía en exceso los fines de semana y sólo tenía dieciséis años. Pero unos meses después, toqué fondo emocionalmente, lo que tuvo repercusiones dolorosas. Sabía exactamente adónde ir porque esta vez estaba preparada. Había vivido el presagio en la afirmación de ese miembro.

Llegué a AA desesperada e increíblemente ingenua ante todo lo relacionado con los Doce Pasos. Acepté todas las sugerencias; no hice preguntas. Cuando surgió la espiritualidad, hice lo que me sugirieron y concebí mi propio Poder Superior lo mejor que pude. Usé el grupo como mi Poder Superior durante cierto tiempo, junto con mi bisabuela fallecida y la naturaleza.

Alguien me sugirió que orara y desarrollara un contacto consciente con mi Poder Superior. Pero nunca sentí una conexión genuina con esta idea, aunque paraba las orejas cuando escuchaba que mis compañeros de AA hablaban sobre Dios. Esperaba poder hacer lo que ellos hacían e incorporarlo a mi repertorio espiritual.

Durante cinco años, intenté "fingirlo hasta lograrlo". Tenía la impresión de que si no tenía un Poder Superior, volvería a beber. El temor a esa idea me mantuvo en una búsqueda tenaz y envidiosa de lo que todos los demás ya parecían tener. No le dije a nadie que estaba luchando para llegar a cierto entendimiento de un Poder Superior. No le pregunté a nadie si podría mantenerme sobria sin tener una concepción de un Poder Superior. Además, tenía una madrina maravillosa que era creyente, y yo sentía que como yo no creía, había fracasado.

Entonces, llegó el día en el que un hermano y amigo de AA habló abiertamente acerca de su ateísmo. Estaba intrigada y, honestamente, impactada por el hecho de que fuera aceptable estar sobrio y ser ateo. Ese día fue el comienzo de un camino alternativo de espiritualidad para mí. Aprendí que lo mejor que podía hacer era continuar buscando, preguntando e investigando. Finalmente, me di cuenta de que soy agnóstica y lo he sido toda mi vida. Necesitaba ser sincera conmigo misma porque cada vez me sentía más diferente en una sala llena de personas con las que necesitaba sentirme conectada.

La comunidad que me rodeaba me acogió incondicionalmente. Mi madrina dejó de sugerirme que orara y de decirme cosas como: "Suelta las riendas y entrégaselas a Dios". Juntas empezamos a ver qué herramientas espirituales funcionarían mejor para mí. En las reuniones, empecé a hablar abiertamente sobre mi parecer y a contar a los demás que está bien decir honestamente cuál es tu posición espiritual. Todos necesitamos tener una mente abierta a las ideas de los demás. Tenemos que ser honestos y estar dispuestos a cambiar.

He encontrado oposición a mis creencias. También he visto el gran agradecimiento que muestran las personas al saber que no están solas y que podemos mantenernos sobrias sin importar en lo que creemos o no creemos. He sido madrina de budistas, cristianos, agnósticos y de quienes están en el proceso del descubrimiento. Aún tengo una madrina que cree en Dios. Para mí, la belleza de la sobriedad es que puedo aprender de todos y de cualquiera.

He tenido el placer de ayudar a miembros de AA de ideas afines a iniciar un grupo (el primero en nuestra zona) que mi amigo ateo denomina "Nosotros los agnósticos". Es una reunión donde la gente puede expresarse libremente. Acabamos de cumplir nuestro primer aniversario. Es sorprendente ver el crecimiento que el grupo ha tenido y sentir el crecimiento que me ha permitido. Tengo el don de estar sobria siendo joven y el placer de ayudar a otros a ser fieles a ellos mismos. No podría pedir nada más.

Cara A.
St. Peters, Missouri

En búsqueda de nuestro camino
Octubre de 2012

Después de estar en el programa de AA durante más de treinta años, ahora llevo diecisiete años de sobriedad continua. No podía estar sobrio ni mantenerme sobrio hasta que me sinceré conmigo mismo sobre "la cuestión de Dios".

La religión e ir a la iglesia habían sido una parte importante de mi juventud. Vivíamos frente a una iglesia metodista que mi abuelo había ayudado a fundar, y yo asistía regularmente a clases los domingos. A menudo, asistía a la iglesia con mi abuelo y, cuando tuve doce años, me convertí en miembro.

En la escuela secundaria conocí las ciencias y las adopté como mi fuente de entendimiento del mundo y de mí mismo. La Matemática y las ciencias fueron mi foco principal en la secundaria, y en la universidad me especialicé en Ingeniería Mecánica. Sólo iba a la iglesia para Navidad y Pascua (si es que iba).

Cuando me casé y tuve hijos, ir a la iglesia nuevamente pareció ser lo que había que hacer. Nos incorporamos a una iglesia metodista, inscribimos a los niños en la escuela dominical y comenzamos a asistir regularmente. Para mí, se tornó en una buena forma de matar una hora hasta que empezaba la programación de deportes en la televisión y las tiendas del barrio podían vender cerveza. Cuando los niños fueron lo suficientemente grandes para decidir no ir, volvimos a ir a la iglesia sólo para Navidad y Pascua. Si me preguntaban si creía en Dios, podía contestar con sinceridad que "sí". Sin embargo, veía la Biblia simplemente como una colección de leyendas y fábulas, y las prácticas religiosas como portadoras de cierto beneficio, pero no tenían verdadero significado para mí.

No había nada raro en mis antecedentes de consumo de alcohol (para un alcohólico). Comencé con algunas cervezas en la escuela secundaria y fui aumentando el consumo hasta que el alcohol empezó a controlar mi vida. Finalmente, en gran medida gracias a la insistencia de mi médico (un vecino) y las quejas de mi esposa, accedí a "hacer algo con respecto a mi consumo de alcohol". Mi médico identificó varias opciones de tratamiento, y yo seleccioné la que me parecía más compatible con mi estilo de vida. Nunca me pasó por la cabeza que yo pudiera ser alcohólico. Consideraba que no tenía el perfil. Me metieron en el asiento trasero del auto con un paquete de seis cervezas, y partimos. Después de una breve entrevista, fui admitido en el acto.

Fue una sorpresa total para mí que el programa de tratamiento resultara estar muy orientado a AA. Además de las reuniones de AA que se realizaban en el centro, nos llevaban a otras dos o tres reuniones por semana; así que tuve una buena introducción al programa.

Cuando me dieron el alta, me entregaron una lista de reuniones de AA en mi pequeña ciudad. Empecé a asistir a un par de reuniones por semana y a hacer pequeños trabajos de servicio, pero, por lo general, sólo me sentaba como observador. Lo único que estaba haciendo bien era no beber, pero estaba lejos de estar sobrio. Eso duró poco más de dos años. Luego, bebí durante cuatro meses y volví al programa después de una breve estadía en rehabilitación.

Convencido de que tenía que asumir una actitud más seria, empecé a seguir instrucciones. Leí el Libro Grande, memoricé sus oraciones y las recité en mis meditaciones matinales. Me uní a un grupo y conseguí un padrino, estudié los "Doce Pasos y Doce Tradiciones" y puse en práctica los Pasos. Asistía a por lo menos cinco reuniones por semana y hacía servicio en mi grupo base. Como me sentía bien con mi progreso, confiaba en que mi sobriedad era sólida.

Ocho años después, surgieron problemas hogareños y laborales, y me emborraché. Después de haber estado bebiendo durante once semanas, volví al programa totalmente desmoralizado. Estaba seguro de que había aprendido mi lección. Dos años más tarde, volví a emborracharme.

Con la sensación de que debía ser uno de esos "borrachos sin esperanza", inmediatamente empecé a ir a las reuniones de AA nuevamente; pero había algo que estaba muy mal. Si me preguntaban, aún podía decir con honestidad que creía en Dios, pero Dios no tenía un verdadero significado para mí.

Me quedé en el programa durante varios meses, pero había preguntas molestas que me atormentaban. ¿Era incapaz, por mi propia naturaleza, de ser sincero conmigo mismo? ¿Qué es lo que tiene AA que hace que funcione, cuando las mejores mentes de médicos y religiosos han intentado durante siglos encontrar una solución? ¿Por qué un Dios amoroso esperaría hasta el Día de la Madre de 1935 para plantar la semilla que se convertiría en el programa de AA cuando el alcoholismo había sido un problema durante miles de años? ¿Qué hubo en esa reunión entre Bill W. y el Dr. Bob que fue tan especial?

Lo único que sabía con certeza es que algo tenía que cambiar o iba a empezar a beber de nuevo. Desesperado, finalmente me sinceré con respecto a "la cuestión de Dios". Admití que no creía en Dios, inicialmente sólo a mí mismo. Ahí fue cuando toqué fondo. No bebía, pero ahora tampoco me sentía cómodo en AA.

Afortunadamente, me di cuenta de que había una cosa en la que sí creía sin reservas: ¡AA funciona! En todos estos años en el programa, había visto a muchos "borrachos" lograr estar sobrios (y mantenerse sobrios). Entonces, si no hay Dios, ¿por qué funciona? Encontré la respuesta; una que me permite mantenerme sobrio. AA funciona porque sólo un alcohólico que está intentando mantenerse sobrio puede ayudar a otro alcohólico que quiere estar sobrio. Funciona porque sólo un alcohólico en recuperación puede identificarse y tener credibilidad con otro alcohólico, y así, ayudarlo. ¡Y el vínculo que se establece entre ellos es una experiencia espiritual! Se ayudan entre sí a mantenerse sobrios. Creo que eso es lo que realmente sucedió en Akron entre Bill y el Dr. Bob, y es como aún funciona hoy.

Tenemos que recordar que AA, con o sin Dios, no nos cura nuestra adicción al alcohol. Si estuviéramos verdaderamente "curados", ¿no seríamos capaces de beber normalmente? AA nos da la esperanza, la voluntad y las herramientas para vivir sin beber, pero sólo un día a la vez. Nos ofrece una filosofía y el apoyo para vivir una vida saludable, feliz, gozosa y libre. Eso sí que parece un milagro, especialmente para un alcohólico que sufre.

Actualmente, hay seis reuniones para librepensadores por semana en nuestra ciudad. Comenzó con el grupo "Nosotros los agnósticos", al que inicialmente asistieron tres o cuatro alcohólicos. Hoy tenemos tres grupos que se reúnen en distintas partes de la ciudad y donde, generalmente, asisten más de veinte alcohólicos en recuperación. La cantidad de miembros y la aceptación en la gran comunidad de AA sigue creciendo. Nuestras reuniones siguen los formatos habituales: tenemos reuniones de discusión abierta y reuniones de estudio de la literatura (el Libro Grande y Doce Pasos y Doce Tradiciones).

La principal diferencia es que no hay oraciones. Leemos el Apéndice II del Libro Grande al comienzo de nuestras reuniones y cerramos recitando la Declaración de responsabilidad de AA: "Yo soy responsable. Cuando cualquiera, dondequiera que esté, extienda su mano pidiendo ayuda, quiero que la mano de AA esté siempre allí. Y por eso: yo soy responsable".

Hay grupos de librepensadores en todo el país con un número cada vez mayor de agnósticos y ateos sobrios, lo que demuestra que existe una opción. Al trabajar con los recién llegados, nos adherimos a los fundamentos y los alentamos a poner en práctica los Pasos, pero también a buscar su propio entendimiento de un "Poder Superior a ellos mismos".

Entonces, me dirijo a todos los AA para pedirles que a los librepensadores nos juzguen por la calidad de nuestra sobriedad. No estamos intentando convencer a nadie de que no crea en Dios. En lo que sí creemos nos da resultado.

Jerry S.
Austin, Texas

CAPÍTULO CINCO

Bajo el mismo techo

En AA somos uno

L a unidad es uno de los principios más valorados de AA y, guiados por el reconocimiento de que si no nos mantenemos unidos como comunidad es probable que muramos solos, los miembros con creencias de todo tipo trabajamos juntos todos los días por la sobriedad.

Para algunos miembros que han aceptado quienes son, con su propia verdad, esto no es simple. Los Pasos y las Tradiciones de AA nos instan a luchar por la tolerancia y la unidad.

"Todos contribuyen en esta comunidad única y especial", escribe Eddie B. en su historia "Practica, pero no sermonees". "Nos guían principios más grandes que las personas, que protegen la santidad de cada uno de nosotros y nos permiten reunirnos para hacer lo que no podríamos hacer solos". En "Compartimos los mismos intereses", Ward Ewing, ex administrador de Clase A (no alcohólico) del Consejo de Servicios Generales de AA, agrega: "Esta comunidad siempre ha encontrado la unidad a través del amor y la tolerancia, no del acuerdo teológico".

En "Un insospechado recurso interior", el miembro Dan H. escribe: "Ahora, hace casi veintiocho años que estoy sobrio, y aún no puedo decir mucho sobre un Dios "ahí afuera", uno que creó el universo... Sin embargo, he tenido una experiencia espiritual profunda y eficaz como resultado de los Pasos de AA que me ponen en contacto con 'un insospechado recurso interior'... Si alguien me pregunta, sólo diré que hay algo en mi interior que es más inteligente y amable que yo, y creo que lo voy a escuchar".

En "Bajo el mismo techo", Frank B. escribe: "No hay nada en la palabra Dios que me atemorice u ofenda, al menos, ya no. Sé que cuando uso la palabra, puede tener un significado diferente a cuando mis compañeros de AA la pronuncian. No tengo problema con eso. Estoy muy agradecido de que en AA hay lugar para todos bajo el mismo techo".

¿Hay espacio para un ateo en AA?
Junio de 1964

Cuando leo el Grapevine cada mes, siempre hay un pensamiento que resuena en mi mente. Muchas historias son acerca de determinados alcohólicos que han descubierto su vocación en la vida y, aún más importante, en AA. En cada caso hay una lucha, una entrega y una aceptación. Esto parece estar coronado por un aire de entusiasmo acerca de la comunidad, y cierta tranquilidad en torno a estas personas que es casi una entidad en sí misma.

Este es un nuevo enfoque sobre AA, o así es cómo viven algunos de la otra mitad, la mitad compuesta por los recién llegados muertos de miedo, "los incrédulos" y yo, el no creyente categórico que encuentra que ciertas palabras del idioma aún tienen su misterioso poder sobre las fuerzas químicas del cuerpo. El simple hecho de mencionarlas me lleva a querer estar físicamente enfermo. Algunas de éstas son: aceptación, sociedad, conformidad, Dios, religión y, a veces, incluso la palabra alcohólico.

Joshua Loth Liebman una vez dijo: "Los agnósticos son como los espíritus malditos del infierno de Dante, condenados a dar vueltas eternamente en los cambiantes vientos de las opiniones y las emociones, y que el ateísmo, en definitiva, significa la incapacidad de un hombre de pronunciar un 'Sí' que abarque toda existencia. Es la negación del significado de la vida, es la desconfianza del universo".

Soy alcohólico, y también ateo, y escribo para los que son como yo, los ateos, los agnósticos, las personas que aún están buscando. Un terrible desasosiego palpita en nuestros corazones y en nuestras conciencias a medida que continuamos la búsqueda eternamente amorosa de lo que hay más allá, con la terrible comprensión de que, ante todo, no puede haber un primer trago.

Por más chocante que esto pueda resultar para algunos, soy uno de esos sujetos que no disfruta de ser un alcohólico, y sé que hay muchos más como yo. También sé que esto es lo opuesto a todas las leyes básicas para mantenerse sobrio, lo que pone a prueba el punto número uno en discusión.

¿Puede una persona así encontrar un lugar en AA? Y si puede, ¿cómo se las arregla para mantenerse sobrio? Probé AA en 1960 y después de una reunión y un eslogan en particular, que me miraba hasta el amargo final, que decía: "Sólo por la gracia de Dios", salí y me emborraché, y seguí borracho durante otro año — un año lleno de espanto y degradación que, por comparación, hizo que mis otros nueve años de beber parecieran un juego de niños.

Como estaba harto de la gente y de la vida, y la gente y la vida estaban hartos de mí, nuevamente recurrí a la última puerta que tenía abierta: AA, y a ese eslogan que tanto pavor me había infundido el año anterior.

La primera noche que regresé, no creo que me hubiera importado si el mismo Dios hubiera sido quien presidía la reunión. Decidí quedarme, y me he quedado, y si los prisioneros no se ponen muy inquietos allí arriba, en mi mente hiperactiva, a la que considero como el bloque de celdas número nueve; me quedaré todos los días, cada una de las veinticuatro horas, una a la vez.

Creo que hay un lugar en el mundo y en AA para las personas que no tienen la capacidad de creer, y que no somos ni superiores ni bichos más raros que aquellos que sí creen. Después de todo, la fe no es algo que puedas comprar envasado y listo para vender en una tienda de comestibles. Crees o no crees, y si no crees, deja de preocuparte por eso. Igualmente puedes mantenerte sobrio. He estado en AA por algunas veinticuatro horas, y cuando recibí mi medallón de los dos años, estaba convencido de que había un lugar en AA para ti y para mí.

Ellos dicen: "No pelees". Yo trato de no hacerlo, pero muchas veces aún lo hago. Puedo ver esa hermosa vasija con oro al final del arcoiris, pero he tropezado y caído muchas veces, y he retrocedido mentalmente. Es absurdo correr; apenas puedo caminar. Hay un antiguo proverbio que dice: "Un viaje de mil millas comienza con el primer paso". Hoy, el Primer Paso quedó atrás en mi camino hacia la gloria y la continuidad de mi sobriedad.

Si en mis viajes y en la búsqueda de la verdad en este camino retorcido y peligroso de la vida, tengo la posibilidad de conocer a aquel que ellos llaman Dios, mi deseo secreto es que nos reconozcamos mutuamente y que el orgullo no me impida aceptar y admitir la verdad dolorosa, cuando la encuentre y si es que llego a encontrarla. Por otro lado, si no me encuentro con ningún extraño en mi viaje, estaré feliz y contento al comprender que AA, como mi Poder Superior, me está siguiendo de cerca mientras continúo dando un paso a la vez hacia esa vasija con oro al final de mi arcoiris, que está llena con cada una de mis valiosísimas veinticuatro horas de sobriedad.

¿Existe o no un Dios? Yo digo que no importa. Hay que mantener la mente abierta y no rendirse en la lucha debido a un eslogan o al credo personal de alguien. La carretera es lo suficientemente ancha para todos, y las reglas para los peatones son: Mantén una mente abierta y sigue viniendo.

Anónimo

Practica, pero no sermonees
Abril de 1994

Bill W. advirtió del orgullo espiritual que nos haría creer que teníamos una conexión directa con nuestro Poder Superior: "Durante los primeros años de AA, casi logré arruinar la empresa total con esta especie de arrogancia inconsciente. Dios como yo lo concebía tendría que ser así para todos.

A veces, mi agresividad era sutil, y otras veces muy ruda. Pero de cualquier forma, era injuriosa —y tal vez letal— para numerosos incrédulos". Bill nos recordó (y a mí también) que "tenemos que practicar lo que predicamos — y olvidar el 'sermoneo'". Necesito que constantemente me recuerden que no tengo todas las respuestas por el simple hecho de considerarme espiritualmente capaz, y que el mejor ejemplo de falso orgullo y arrogancia es asegurar que "tengo las respuestas". Eso es lo que nos separa de los cultos y las religiones: Ninguna persona individual habla por la comunidad; cada miembro puede tener un Poder Superior a sí mismo o no; y el único requisito para ser miembro es querer dejar de beber. No es un requisito que alguien crea como yo. Cada uno puede aceptar o rechazar lo que desea; y éste es el gran poder, la belleza y el atractivo de este programa.

En una carta de 1940, Bill W. afirmó que "no imponemos a nadie ningún requisito religioso... en un ambiente así, los ortodoxos, los no ortodoxos y los incrédulos se mezclan alegre y útilmente. Todos tienen libre acceso a la oportunidad del desarrollo espiritual".

Todos contribuyen en esta comunidad única y especial. Nos guían principios más grandes que las personas, que protegen la santidad de cada uno de nosotros y nos permiten reunirnos para hacer lo que no podríamos hacer solos. Al igual que finalmente Bill W. lo hizo, entendemos que la teología de cada persona tiene que ser una búsqueda propia.

Hoy aprendí tolerancia y entendimiento de quienes tienen una creencia ortodoxa en el cosmos; algunos necesitan un sistema de creencias más estructurado que otros. He aprendido a perdonar a quienes convierten las reuniones en testimonios y me recuerdan mis viejos días de iglesia. Trato de no juzgar a quienes me juzgan por no tener un Poder Superior llamado Dios, o porque no rezo el padrenuestro al final de la reunión. Pienso que está en conflicto con la Sexta Tradición de nuestra comunidad. El padrenuestro proviene de la Biblia, y si eso no es refrendar el cristianismo, no sé qué lo es. Simplemente, agradezco que no me desquito y termino una reunión con un cántico budista.

Este es un grupo espiritual, no un programa religioso. Mantengámoslo así. No los forzaré a adoptar mis creencias si ustedes no me fuerzan a adoptar las suyas. Digan lo que quieran, yo lo haré también con la ayuda de mi Poder Superior, a quien elijo no llamar Dios, y juntos nos mantendremos sobrios un día a la vez.

Eddie B.
Ahwahnee, California

Compartimos los mismos intereses
Octubre de 2016

Ward B. Ewing es un excoordinador (no alcohólico de Clase A) de la Junta de Servicios Generales de AA (2009-2013). Es sacerdote episcopal ordenado y expresidente del Seminario Teológico General de la Ciudad de Nueva York. — Los Editores

En noviembre de 2014, tuve el privilegio de participar en el primer Congreso internacional para ateos, agnósticos y librepensadores en AA. Muchos parecían sorprendidos ante el hecho de que yo, una persona religiosa y no alcohólica, cuya vida espiritual había estado fortalecida, sostenida y enriquecida por esta comunidad, fuera parte de este grupo. Honestamente, me sorprendió la sensación de exclusión que tenían muchos de los participantes del congreso. Conocía zonas en las que los intergrupos habían eliminado de la lista a grupos porque se autoidentificaban como destinados para quienes no podían aceptar la creencia en una deidad trascendente, pero ignoraba el profundo dolor que sentían tantas personas a quienes se les decía que jamás podrían mantenerse sobrias a menos que creyeran en un Dios como lo concibieran. Claramente, esa conclusión es falsa, ya que conocí a muchas personas que llevan treinta o cuarenta años de sobriedad y que no creen en "una deidad (masculina) intervencionista y antropomórfica". Tal como un participante expresó su experiencia: "Les sorprendería conocer el profundo análisis al que se somete a los no creyentes (sea una realidad o una percepción) dentro de AA en general. Algunos de nuestros compañeros de AA nos temen, nos menosprecian o son completamente hostiles hacia nosotros".

Me sorprendí porque los ateos y los agnósticos han sido parte de AA desde el comienzo e incluso han participado en la redacción del Libro Grande. Las opiniones de quienes se sentían incómodos con el lenguaje tradicional de Dios contribuyeron al cambio que se hizo en los Pasos poco antes de su publicación. En el Segundo Paso el término "Dios" se reemplazó por "Poder Superior a nosotros mismos" y en los Pasos Tercero y Undécimo se usó el término "Dios como nosotros lo concebimos". Y los Pasos se identifican claramente como sugerencias (Alcohólicos Anónimos llega a su mayoría de edad).

Como todos sabemos, la membresía de AA está definida por la Tercera Tradición: "El único requisito para ser miembro de AA es querer dejar de beber". Tenemos un único objetivo primordial bien expresado en la Quinta Tradición: "Llevar [el] mensaje al alcohólico que aún está sufriendo".

Parte de lo que siempre me ha atraído de AA, ha sido su apertura a cualquier persona que desee dejar de beber. Antes de que otras organizaciones estuvieran abiertas a los afroamericanos (y a otras minorías), AA recibía a las mujeres, a los gays y a las lesbianas. Este registro de inclusión es impresionante y deriva de la Tercera Tradición. No entiendo cómo alguien puede quedar excluido por su teología. La intolerancia que surge de la certeza religiosa es tan antigua como las colinas y hoy es tan destructiva y horrible como lo ha sido en el pasado. Esta comunidad siempre ha encontrado la unidad a través del amor y la tolerancia, no del acuerdo teológico.

Con frecuencia escuchamos historias de personas que se sintieron desanimadas por la charla sobre Dios cuando asistieron a su primera reunión de AA. Volvieron porque no tenían otro lugar a donde ir. Muchos luego encontraron un Dios como lo concebían que apoyaba su nueva vida. Sin embargo, no escuchamos las historias de quienes se sintieron desanimados por la charla sobre Dios cuando asistieron a su primera reunión de AA y nunca más volvieron. El temor de uno es que no hayan encontrado ayuda.

Anteriormente escribí sobre la importancia de mantener una distinción entre la religión y la espiritualidad (publicado en la revista Grapevine, abril de 2010). AA es un programa espiritual; no es religioso. La religión tiene una forma de infiltrarse, y cuando lo hace, corremos el riesgo de excluir a quien viene en búsqueda de ayuda y se siente desanimado por el lenguaje religioso. Algunos nunca regresan. Reconozco que cada grupo es autónomo, pero me siento incómodo con el lenguaje religioso, especialmente en las reuniones abiertas.

Como Bill W. escribió en el Grapevine en julio de 1965: "Decenas de miles de recién llegados vienen cada año recurriendo a AA. Representan casi todas las creencias y actitudes que se puede imaginar. Tenemos ateos y agnósticos. Tenemos gente de casi todas las razas, culturas y religiones. Se supone que en AA estamos vinculados por una afinidad derivada de nuestro sufrimiento común. Por lo tanto, debemos considerar de suma importancia la libertad incondicional de adherirse a cualquier creencia, teoría o terapia. Por consiguiente, nunca debemos intentar imponer a nadie nuestras opiniones personales o colectivas. Debemos tener, los unos a los otros, el respeto y el amor que cada ser humano merece a medida que se esfuerce por acercarse a la luz. Intentemos ser siempre inclusivos y no exclusivos; tengamos presente que todos nuestros compañeros alcohólicos son miembros de AA mientras así lo digan".

La espiritualidad de los Doce Pasos y de AA como un todo es clara y poderosa. Esperanza, verdad, honestidad, dejar ir, aceptación, amor al prójimo como forma de amor a uno mismo, gratitud (estas son realidades espirituales que son parte de la cultura de AA). También se puede mencionar la unidad, llevar el mensaje, la singularidad de nuestro propósito, el autoapoyo y el anonimato como características espirituales. Estas cualidades forman una cultura invisible e intangible; son realidades espirituales. Son difíciles y tal vez imposibles de definir; debemos experimentarlas. De la misma manera las vidas son transformadas y formadas por esta cultura invisible, este espíritu de AA, que es una parte integral de la comunidad. Se trata de una espiritualidad vivencial. Es pragmática. Se le conoce viviéndola, no a través de una postura teórica predeterminada. Lo que verdaderamente importa es esta espiritualidad: un recién llegado cautivado por la esperanza; compartir nuestra historia con completa honestidad; dejar ir el deseo de autodirigirse al elegir un padrino; identificarse con otro que es distinto y sin embargo igual; descubrir los dones que hemos recibido; poder ser felices, alegres y libres — todo esto se hace posible gracias al espíritu de AA — invisible e indescriptible que se conoce a través de la experiencia.

Pienso que los creyentes, no creyentes, teístas, ateos, agnósticos y librepensadores, todos comparten los mismos intereses que se encuentran en una experiencia común que esta cultura de AA crea y da forma. Este poder colectivo de AA es superior a cualquier persona o grupo particular; hace que lo imposible sea posible. Este poder se puede descubrir dentro de una persona, pero también está más allá de la persona. Es un recurso interior; es un poder colectivo.

Muchos en AA llaman Dios a esta realidad invisible, esta cultura, este espíritu, este Poder Superior. Otros que no logran llegar a un acuerdo con su entendimiento racional para creer en algún tipo de deidad, igual experimentan el poder de esta realidad invisible dentro de los grupos de AA. Sugeriría que como todos los miembros de la comunidad están influenciados por este poder invisible, las diferencias entre quienes desean llamarlo Dios y quienes eligen otro nombre son diminutas en comparación con nuestra experiencia compartida. En qué creemos es mucho menos importante para vivir que lo que experimentamos. La experiencia es lo que nos transforma; la creencia es nuestro intento de explicar; la experiencia supera cualquier explicación. Creo que el diálogo entre quienes son religiosos y quienes son librepensadores, agnósticos y ateos en AA puede dar muchos frutos. Y creo que el común denominador de la experiencia brinda la base para esa conversación. Agradezco a quienes comparten sus historias en esta edición del Grapevine. Es mi deseo que todos crezcamos a través de sus historias.

Ward B. Ewing
Custodio Emérito

Una fe común
(Tomado del Grapevine)
Septiembre de 1976

No creo en Dios, pero no cambiaría ni una sola cosa en los Doce Pasos sugeridos ni en las Doce Tradiciones. Sólo pido igualdad con otros alcohólicos en términos de compartir mi fortaleza y esperanza dentro de los límites del programa de AA.

Para mí, nuestra fe común consiste en el entendimiento de las relaciones entre unos y otros, y en los valores que se encuentran en estas relaciones humanas. Aquí están, en el círculo de los no creyentes, todos los elementos para una fe que no se confinará a una secta, denominación, política, organización, institución, clase, raza ni Dios. Quienes estamos vivos ahora somos parte de una humanidad que se extiende hacia el pasado remoto, una humanidad que ha interactuado con la naturaleza.

Lo que valoramos en nuestra comunidad alcohólica no somos nosotros mismos. Existen por la gracia de las acciones y los sufrimientos de los constantes esfuerzos humanos por convertirnos en miembros sanos y productivos de nuestra comunidad, en la que somos un eslabón.

Para este no creyente, esa fe siempre ha sido implícitamente la fe común de la humanidad, y la decisión depende de su capacidad de tomarse a sí mismo, a su vida y a su felicidad, en serio. Para mí, cuando se cortan los lazos con ese "ayudante sobrenatural y mágico", queda cada vez más claro que la condición humana sigue siendo la más interesante, importante, desafiante y prometedora de esta tierra.

J. MCG.
Forest Hills, Nueva York

Mente abierta
Diciembre de 2013

La frase "Dios como nosotros lo concebimos" es tal vez la expresión más importante que se encuentra en el vocabulario de AA. Estas cinco significativas palabras tienen un alcance tal que en ellas se puede incluir todo tipo y grado de fe, junto con la seguridad absoluta de que cada uno de nosotros puede escoger la suya propia.

Dios como nosotros lo concebimos: El dilema de la incredulidad
—*Bill W., abril de 1961*

A medida que he ido creciendo en AA, he tenido que resistir el impulso de volverme inflexible y convertirme en una persona de mente cerrada con respecto a las opiniones diferentes. Cuando apareció la cita mencionada anteriormente en mi correo electrónico como la cita del día del Grapevine, me hizo recordar que Bill creció en el sentido opuesto, y que sus escritos a lo largo de su vida me desafían a hacer lo mismo. De joven, Bill escribió el primer borrador de los Pasos usando el término "Dios" en el sentido más limitado y enfatizó firmemente su experiencia espiritual, que consistía en una "sensación repentina de calor", al escribir el Libro Grande. Cuando se hizo mayor, se tornó cada vez más tolerante y exhortaba a los miembros de la década de 1950 y 1960 que lo mejor que podían hacer por AA era "elevar el fondo".

Si la contrastamos con la frase "Dios como nosotros lo concebimos", la idea de Bill de elevar el fondo supera por mucho el fondo emocional, físico, material y espiritual en el que estaba dispuesto a considerar "La comunidad del último recurso" como una alternativa a la vida anterior que yo mismo dirigía siendo un alcohólico activo. En sentido más amplio, elevar el fondo me desafía hoy a abrir la puerta de par en par, de manera que cualquier alcohólico pueda entrar, morar y permanecer cómodo mientras lo necesite, independientemente de la esencia o la intensidad de la preferencia espiritual personal. ¿Quién soy yo para juzgar si un agnóstico, ateo o cualquier otro tipo de teísta o deísta, posee los fundamentos espirituales necesarios para recuperarse?

En otro tiempo, "diversidad espiritual" me sonaba a una atenuación de la Nueva Era de la "verdadera religión". Ahora, reconozco la diversidad espiritual como mucho más saludable que su alternativa, que sería la endogamia espiritual. Si no puedo confiar en mi Poder Superior para proteger a AA de cualquier efecto negativo que pueda surgir de la diversidad de experiencias espirituales entre nuestros miembros, entonces mi Poder Superior no es gran cosa, ¿no?

B.C.
New Market, Maryland

Un insospechado recurso interior
Febrero de 2016

Y si Dios no existe? Esta pregunta me ha obsesionado periódicamente a lo largo de mi sobriedad. Si mi sobriedad depende de la creencia en un Poder Superior a mí y en el acceso a ese Poder Superior, ¿qué sucede si no hay Dios? Algunos dicen que puedo usar una perilla, un farol o cualquier cosa como Dios, pero no lo creo así. ¿Cómo puedo poner mi vida y mi voluntad al cuidado de una perilla? ¿Cómo puede un farol librarnos de los defectos de carácter que el Libro Grande dice que me llevarán a volver a beber?

¿Qué tal si uso el grupo como mi Poder Superior? Bueno, eso es genial, salvo que cuando logré un año de sobriedad, me di cuenta de que el poder de la comunidad sólo no era suficiente. Me sentí deprimido e indiferente ante la vida y sólo quería dormir. En su mayor parte el grupo era excelente mientras estaba en una reunión, pero no era muy portátil, y necesitaba algo para sostenerme entre una reunión y otra. Estaba disconforme con el capítulo del Libro Grande sobre el tema. Sentía que "Nosotros los agnósticos" era el clásico dar gato por liebre. "Nuestra propia concepción..." transformada rápidamente en la visión tradicional de Dios, con todos los pronombres masculinos y las implicaciones bíblicas relacionadas. Y sin embargo, me vendieron la idea de que, solo, estaba en grandes problemas.

Dos frases en el libro me sonaron ciertas. La primera era que algo "estaba trabajando en un corazón humano..." Esto me podía servir. Y luego, gracias a Dios (¡ah!), estaba el apéndice sobre "Experiencia espiritual", que menciona "un insospechado recurso interior, que pronto identifican con su propio concepto de un Poder Superior a ellos mismos".

Ahora, hace casi veintiocho años que estoy sobrio y aún no puedo decir mucho sobre un Dios "ahí afuera", uno que creó el universo, que se implica en eventos naturales o que nos hace encontrar el lugar de estacionamiento cómodo y ocasional en un día de suerte.

Sin embargo, he tenido una experiencia espiritual profunda y eficaz como resultado de los Pasos de AA que me ponen en contacto con "un insospechado recurso interior" (que yo llamo Dios por una cuestión de conveniencia). Si alguien me pregunta, sólo diré que hay algo en mi interior que es más inteligente y amable que yo, y creo que lo voy a escuchar.

Es muy fácil concederle una personalidad al alcoholismo: es astuto, desconcertante y poderoso. Es paciente, no discrimina y quiere matarme. Está envuelto en un embrollo de nudos con mi egoísmo, orgullo y temor. Por lo tanto, parece razonable personificar el lado opuesto, el "lugar" desde donde se emana amor, honestidad, compasión, cordura y un deseo de ayudar a los demás.

Y parece razonable recurrir a este lugar — para declarar una voluntad de vivir mi vida según su guía. A esto lo llamo "oración". Me gusta leer "otros libros", como se menciona en el Paso Once. Leo sobre religión, filosofía, ciencia y escepticismo, así como sobre la fe. No he retomado la sociedad de debate. Simplemente disfruto de explorar ideas.

Un veterano una vez me dijo: "'La religión es un dedo apuntando a la luna". Lo que me quiso decir es que si paso demasiado tiempo mirando el dedo, siempre me voy a perder la luna. Ya no estoy tan interesado en etiquetas como "ateísmo", "agnosticismo", "deísmo" o "teísmo". No me puedo permitir volver al "yoísmo". Cuando yo soy el centro del universo, es un lugar oscuro y solitario.

Mi pequeño Dios podría parecer insuficiente para algunos, pero funciona bien para mí. Y creo que ese mismo recurso interior es parte de cada uno de nosotros. Cuando estoy en una sala llena de gente hablando del efecto de Dios en sus vidas, se crea una presencia que todos podemos sentir, incluso cuando nuestros conceptos individuales varían.

De vez en cuando, tengo la sensación intuitiva de que mi insospechado recurso interior es la expresión de algo mucho más grande, y de que quizás existe una relación más profunda entre consciencia y realidad externa que la de observador-observado.

El poeta William Blake dijo que "el camino del exceso lleva al palacio de la sabiduría". Todavía estoy buscando ese lugar.

Dan H.
Oceanside, California

Bajo el mismo techo
Enero de 2016

Llegué a AA en abril de 1980 y, como sucede con muchos de nosotros, no creía en Dios. Más que eso, era absolutamente hostil a cualquier sugerencia que supusiera la existencia de un Dios y de que ese Dios tuviera algún interés específico en mí o en mis problemas. Sin embargo, ninguna de mis creencias en

Dios afectó mi creencia en el programa de AA. No sé de dónde vino esa creencia, pero supe que yo estaba en el lugar a donde pertenecía. AA funcionaría para mí.

Durante muchos años, luché con "la cuestión de Dios". No creo que haya puesto en peligro mi sobriedad, pero me sentía fuera de lugar y no quise seguir sintiéndome de esa manera. Hace un par de años, estaba leyendo la historia "Inundado de emoción" en el Libro Grande. Los últimos párrafos reflejaban mis sentimientos y me dejaron con una gran sensación de alivio. El rayo, "¿Quién eres tú para decir que no hay un Dios?" en el capítulo "Nosotros los agnósticos", tuvo un efecto en mí diferente al que tuvo en el escritor. No me convenció de que existiera un Dios, pero me alivió de la necesidad de dudar de que hubiera uno.

Además, dos historias de la edición de febrero de 2013 del Grapevine me sonaron especialmente ciertas: "Una noche oscura" y "Esa cosa verde grande" se escribieron para que yo supiera que definitivamente no estoy solo.

No hay dudas en mi mente de que la definición del Libro Grande de "un Poder Superior a nosotros mismos", para mí, es Dios. Ahora estoy de acuerdo con esto. Creo que existen muchos Poderes Superiores a mí, y me parece bien que, en la actualidad, se les llame Dios.

No hay nada en la palabra Dios que me atemorice u ofenda, al menos, ya no. Sé que cuando uso la palabra, puede tener un significado diferente a cuando mis compañeros de AA la pronuncian. No tengo problema con eso. Estoy muy agradecido de que en AA hay lugar para todos bajo el mismo techo.

Frank B.
Mesa, Arizona

Sin veneración
Octubre de 2016

Trabajo un programa laico que omite el aspecto religioso (como yo lo veo) de la filosofía de AA. Lo intenté como pude, pero la idea de "actuar como si" no era para mí. Estaba siendo deshonesto. El Poder Superior a mí, que me devolvió el sano juicio, fue la muerte. No quería morir a los treinta y cinco años y eso iba a suceder si no cambiaba el rumbo.

No venero al Libro Grande. Lo leo como material de lectura, que documenta lo que pensaban y hacían los primeros miembros de AA para mantenerse sobrios. Del mismo modo, los Pasos son una guía para lograr la sobriedad. La palabra "milagro" no es parte de mi vocabulario. Creo que descartamos nuestra capacidad de crecer y cambiar cuando usamos esa palabra.

Trabajo duro, dedicación y crecimiento emocional, son parte de mi lenguaje. No pienso que la intervención divina se produce cuando un miembro pierde el deseo de autodestruirse a través del alcohol, no más que cuando recae.

La Oración de la Serenidad funciona bien para mí como herramienta esencial para vivir. A pesar de que jamás me puse de rodillas para pronunciar las oraciones del Tercer o del Séptimo Paso, estoy sobrio y feliz.

Mi beneficio personal lo obtengo cuando atiendo el teléfono en la oficina de nuestro intergrupo o hago copias de cintas o CD para entregar a los miembros. También cuando voy a hablar, apadrino a un alcohólico o simplemente asisto a las reuniones y comparto. Si no asistiera a las reuniones a los ochenta años, ¿cómo sabrían los recién llegados que el programa funciona para mí? En un mar de muchos miembros religiosos de AA, con frecuencia, uno se siente solo por ser laico, pero debo recordar que sin AA yo estaría muerto. Le debo mi vida a este programa y a los muchos miembros sobrios que he conocido y con los que he interactuado a lo largo de estos cuarenta y cinco años.

Marnin M.
Hobe Sound, Florida

Honestidad espiritual
(Tomado del Grapevine)
Diciembre de 2007

Si bien busqué toda mi vida, nunca me identifiqué con una deidad. Intenté aceptar lo que los demás creían, pero siempre sentí que yo era parte de una farsa. Cuando logré la sobriedad, deseaba con tanta desesperación tener la paz y la serenidad que vi en esos rostros sobrios, que hubiera creído en cualquier cosa.

Mi solución fue compartir con mi madrina, después, con alguien de confianza y, finalmente, en una reunión. Lo que compartí fue lo siguiente: Mi Poder Superior personal es el espíritu colectivo de la humanidad; si los seres humanos juntan sus cabezas y corazones, pueden lograr lo que se propongan.

Blasfemia para algunos, paz para mí. Mi preocupación era cómo mis creencias afectarían a una mujer joven que me había pedido que la amadrinara. Me di cuenta de que la honestidad absoluta sería mi camino. No tenía resentimiento por esos pocos que intentaban convencerme de que estaba perdida, o de que alguna figura religiosa era la respuesta. Amo a AA y no me siento excluida por la fe de los demás.

AA me dio sobriedad, amor, alegría, pesar y aceptación. Y lo que es aún más importante, me dio un entendimiento verdadero de mí misma y un Poder Superior a mí — el incansable y perseverante espíritu de la humanidad.

Mary E.
Sherman, Texas

Dios en cada página
Octubre de 2016

Recientemente visité a un familiar, en Maine, que me hizo una sola pregunta sobre AA: "¿Es religioso?" Lo primero que se me vino a la mente fue "obviamente que sí". Pero hice una pausa y le dije que había hecho la pregunta del millón.

Recordé ese día gris, hace diez años, cuando me llevaron a AA, aún un poco mareado y desesperado por encontrar una forma de salir de mi adicción. Cuando mi cabeza se aclaró, empecé a leer el Libro Grande y, como la palabra Dios parecía estar en casi todas las páginas, pensé que tenía que volver al cristianismo, en el que me había criado, para volver a estar sobrio.

Pronto me di cuenta de que nuestro libro en realidad no decía que tenía que volver al Dios de mi juventud. Pero sentí que sugería fuertemente que aquellos que realmente entraban al programa y se mantenían sobrios finalmente volvían a la fe en el apropiado y antiguo cristianismo fundamentalista estadounidense. Estaba tan deprimido. Nunca habría encajado con esta gente, pensé.

Afortunadamente, encontré un padrino maravilloso, nada menos que un cristiano renacido, que jugó un papel decisivo para que yo siguiera los Pasos, incluidas las partes de Dios; y me mostró cómo podía encontrar una nueva forma de vivir libre de ese estado de mente y cuerpo aparentemente incurable con el que había llegado a AA.

Leímos el Libro Grande juntos, a menudo, volvíamos a leer "Nosotros los agnósticos" y el Apéndice II sobre la experiencia espiritual. Me dijo que si yo mismo no tenía el poder para dejar de beber y manejar mi vida, iba a tener que depender de algún otro poder que lo hiciera. Lo principal era que ese poder fuera superior a mí.

Analizamos Los cuatro absolutos del Grupo Oxford y El camino óctuple del budismo. Me sugirió que reemplazara la palabra "Dios" por "Bien" o por "Poder Superior" o "Grupo de alcohólicos" o "Dirección ordenada por el bien". Nuestro libro lo llamaba Dios, pero podemos llamarlo como queramos. Si hubiera creído en Dios, no hubiera habido problemas, pero no creía. Por mucho que lo intenté, no me pude convencer de tener un amigo etéreo que dirigiría mi voluntad según cierto plan de vida determinado. Entonces, ¿cómo podía lograr estar sobrio y mantenerme sobrio sin toda esa cuestión de Dios?

Pregunté a quienes tenían lo que yo quería si creían en Dios, y si no, ¿cómo se mantenían sobrios? Me sorprendió la cantidad de personas que hablaron de su confianza en una fuerza verdaderamente espiritual para mantenerse sobrios y nunca mencionaron a Dios. Me contaron cómo habían puesto en práctica los Pasos y lentamente descubrieron que su Poder Superior no tenía nada que ver con Dios ni con la religión.

A medida que puse en práctica los Pasos, llegué a creer en un propósito superior, no en un ser superior, que me ayudaba a cambiar la forma en que pensaba y actuaba. Mi propósito superior es vivir según los principios de los Pasos. El poder que me inspira es ese insospechado recurso interior que me hace estar dispuesto a luchar diariamente por la honestidad, la integridad, la compasión, la tolerancia, la humildad, el amor y el servicio. Después de hacer una limpieza de mi interior, admitir mis faltas, hacer reparaciones y empezar a ayudar a los demás, me liberé de mi obsesión de beber y de gran parte de mi egoísmo y egocentrismo. Me volví agradecido de lo que tenía y me sentí mucho más cómodo en mi propia piel.

Entonces, ¿cómo respondí a la pregunta de mi pariente? Le dije que AA es un programa espiritual, aunque muchos de sus miembros son religiosos. Le dije que el Libro Grande no era simplemente un manual de instrucciones, sino un documento histórico, y que reflejaba las raíces predominantemente religiosas y las opiniones de sus primeros miembros.

Nuestro libro no es perfecto, pero sí intenta mantener la puerta abierta a los ateos, agnósticos, librepensadores y alcohólicos de todos los sectores sociales. En la actualidad, no necesito a Dios para tener un propósito superior en mi vida ni para practicar los principios de los Pasos. Simplemente, necesito creer que con la ayuda de la comunidad y de mis recursos internos, puedo cambiar mi actitud y mis acciones, y seguir disfrutando del gran beneficio que el cambio ha generado en mi vida.

Alex M.
Louisville, Kentucky

Los Doce Pasos

1. Admitimos que éramos impotentes ante el alcohol, que nuestras vidas se habían vuelto ingobernables.
2. Llegamos a creer que un Poder superior a nosotros mismos podría devolvernos el sano juicio.
3. Decidimos poner nuestras voluntades y nuestras vidas al cuidado de Dios, como nosotros lo concebimos.
4. Sin miedo hicimos un minucioso inventario moral de nosotros mismos.
5. Admitimos ante Dios, ante nosotros mismos y ante otro ser humano, la naturaleza exacta de nuestros defectos.
6. Estuvimos enteramente dispuestos a dejar que Dios nos liberase de nuestros defectos.
7. Humildemente le pedimos que nos liberase de nuestros defectos.
8. Hicimos una lista de todas aquellas personas a quienes habíamos ofendido y estuvimos dispuestos a reparar el daño que les causamos.
9. Reparamos directamente a cuantos nos fue posible el daño causado, excepto cuando el hacerlo implicaba perjuicio para ellos o para otros.
10. Continuamos haciendo nuestro inventario personal y cuando nos equivocábamos lo admitíamos inmediatamente.
11. Buscamos a través de la oración y la meditación mejorar nuestro contacto consciente con Dios, como nosotros lo concebimos, pidiéndole solamente que nos dejase conocer su voluntad para con nosotros y nos diese la fortaleza para cumplirla.
12. Habiendo obtenido un despertar espiritual como resultado de estos Pasos, tratamos de llevar el mensaje a los alcohólicos y de practicar estos principios en todos nuestros asuntos.

Las Doce Tradiciones

1. Nuestro bienestar común debe tener la preferencia; la recuperación personal depende de la unidad de AA.
2. Para el propósito de nuestro grupo sólo existe una autoridad fundamental: un Dios amoroso tal como se exprese en la conciencia de nuestros grupos. Nuestros líderes no son más que servidores de confianza; no gobiernan.
3. El único requisito para ser miembro de AA es querer dejar de beber.
4. Cada grupo debe ser autónomo, excepto en asuntos que afecten a otros grupos de AA o a AA, considerado como un todo.
5. Cada grupo tiene un solo objetivo primordial: llevar el mensaje al alcohólico que aún está sufriendo.
6. Un grupo de AA nunca debe respaldar, financiar o prestar el nombre de AA a ninguna entidad allegada o empresa ajena, para evitar que los problemas de dinero, propiedad y prestigio, nos desvíen de nuestro objetivo primordial.
7. Cada grupo de AA debe mantenerse completamente a sí mismo, negándose a recibir contribuciones de afuera.
8. AA nunca tendrá carácter profesional, pero nuestros centros de servicio pueden emplear trabajadores especiales.
9. AA como tal nunca debe ser organizada; pero podemos crear juntas o comités de servicio que sean directamente responsables ante aquellos a quienes sirven.
10. AA no tiene opinión acerca de asuntos ajenos a sus actividades; por consiguiente su nombre nunca debe mezclarse en polémicas públicas.
11. Nuestra política de relaciones públicas se basa más bien en la atracción que en la promoción; necesitamos mantener siempre nuestro anonimato personal ante la prensa, la radio y el cine.
12. El anonimato es la base espiritual de nuestras Tradiciones, recordándonos siempre anteponer los principios a las personalidades.

LA Viña y Grapevine

Grapevine es la revista mensual internacional de AA que se ha publicado continuamente desde su primer número en junio de 1944.

El panfleto de AA sobre AA Grapevine describe su alcance y su finalidad de la siguiente manera: "Como parte integrante de Alcohólicos Anónimos desde 1944, el Grapevine publica artículos que reflejan la amplia diversidad de la experiencia e ideas que hay dentro de la comunidad de AA, y así también lo hace La Viña, la revista bimensual en español, publicada por primera vez en 1996. En sus páginas, no hay punto de vista o filosofía dominante, y, al seleccionar el contenido, la redacción se basa en los principios de las Doce Tradiciones".

Además de revistas, AA Grapevine, Inc., también produce libros, libros electrónicos, audiolibros y otros artículos. También ofrece una suscripción a Grapevine Online que incluye: entre ocho y diez historias nuevas cada mes, AudioGrapevine (la versión en audio de la revista), el archivo de historias de Grapevine (la colección completa de artículos de Grapevine), así como el actual número de Grapevine y La Viña en formato HTML. Si desea obtener más información sobre AA Grapevine, o suscribirse a alguna de las opciones mencionadas, visite la página web de la revista en www.aagrapevine.org o escriba a:

AA Grapevine, Inc.
475 Riverside Drive
New York, NY 10115
USA

Alcohólicos Anónimos

El programa de recuperación de AA se basa por completo en este texto básico, Alcohólicos Anónimos (también conocido comúnmente como el Libro Grande), ahora en su cuarta edición, así como en libros Los Doce Pasos y Doce Tradiciones y Viviendo sobrio, entre otros.

También es posible encontrar información sobre AA en la página web de AA en aa.org, o escribiendo a:

Alcoholics Anonymous
Box 459
Grand Central Station
New York, NY 10163

Si desea encontrar recursos en su localidad, consulte la guía telefónica local bajo "Alcohólicos Anónimos". También puede obtener a través de AA los cuatro panfletos siguientes "Esto es AA", "¿Es AA para usted?", "44 preguntas" y "Un principiante pregunta".